대한민국이냐, 북한수용소군도냐?

대한민국이냐, 북한수용소군도냐?

류근일 지음

차 례

2부   청소년을 위한 한국 현대사 이야기

3부 대한민국이냐, 수용소 군도냐?

1부

열린사회와
그 적(敵)

산소가 있을 때는 아무도 그 가치를 모른다. 밀폐된 공간에 갇혀 산소가 점점 없어질 때라야 비로소 산소의 가치를 실감한다. 자유사회도 마찬가지다. 그 안에서 태어나 그 안에서만 자란 사람들은 자유체제의 가치를 잘 모른다. 자유를 박탈당하고 난 다음이라야 사람들은 비로소 "아, 우리가 자유의 소중함을 너무 몰랐구나." 하고 개탄한다. 그러나 때는 이미 늦었다. 1부 '열린사회와 그 적'은 바로 자유를 박탈당한 이후의 암담한 세상에 관한 글이다. 자유를 위한 역설적인 변증(辨證)이라 할 수 있다.

근본주의

어떤 신념을 투철하게 견지하는 것은 있을 수 있는 일이다. 그러나 그것 때문에, 그것을 위해, 그 이름으로, 다른 신념을 가진 사람을 박해하거나 배척할 때는 문제가 심각해진다. 이 같은 근본주의의 배타성은 종교에도 있고 세속의 신념에도 있다. 중세기 가톨릭 교회에도 있었고, 조선의 주자학에도 있었다.

1920년대 미국의 '원숭이 재판(Monkey Trial)'도 그 대표적인 사례다. 테네시 주 데이튼 고등학교의 교사 윌리엄 제닝스 브라이언은 진화론을 가르쳤다는 죄목으로 기소되어 재판을 받았다. 1930년대 이래의 스탈린주의도 지독한 근본주의였다.

오늘의 한국사회에도 근본주의는 엄연히 있다. 근본주의를 가장 경계해야 할 세속적 '진보주의' 쪽에도 종교적 근본주의를 능가하는 이념적 근본주의가 도사리고 있다. 근본주의 담론은 외부의 다른 의견에 대해서는 물론 내부의 이견(異見), 수정주의, 온건론, 합리론에 대해서도 적대적이다. 이단(異端) 박해, 종교재판, 숙청의 논리인 셈이다.

종교의 경우는 신(神)을 전제로 하는 이상, 신에 대한 절대적인 믿음의 경지라는 게 있을 수 있다. 그러나 신의 말씀도 아닌 인간의 말을 근본주의적으로 절대화한다는 것은 3류 코미디다. 우상숭배가 따로 없는 것이다. 도대체 마르크스, 레닌, 스탈린, 김일성, 김정일, 김정은이 어떻게 신일 수가 있는가? 철학이나 사회과학을 어떻게 경전(經典)이나 신탁(神託)처럼 떠받들 수 있다는 말인가?

서로 다른 근본주의가 충돌하면 그것이 바로 지하드(聖戰)다. 자유민주 사회는 한 마디로, 근본주의자들의 피비린내나는 성전을 금지하자는 약속에 기초한 사회다. 오늘의 한국 극좌 근본주의자들은 말한다. "너희가 자유사회라면, 김정일 김정은 지지자도 합법화하라."고. 그러나 자유민주 체제의 멤버십을 '성전금지 약속'을 지키지 않는 자들에게까지 줄 수는 없다.

이제는 세계사의 박물관 진열대에 가 있는 올드 레프트(구좌파)의 이론을 여전히 오늘의 발전된 한국사회에 적용하려는 우리 일각의 근본주의 잔재야말로 '열린사회의 적'이다.

상상해 보자. 이런 근본주의자들이 권력을 잡고 있는 세상이 어떤 세상일지를. 당신은 서방 기자들의 목을 잘라 죽이는 IS 근본주의자들이 지배하는 세상에서 살 수 있는가? 자유연애를 했다고 딸과 누이동생을 '가문의 명예를 위해' 살해하는 세상에서 여성이, 당신이 행복할 수 있는가? '신 같은 수령'의 사진이 난 신문을 깔고 앉았다 해서 요덕수용소에 끌려가는 세상은 또 어떤가? 근본주의는 이렇듯

아득한 옛날의 일이 아니라, 오늘의 지구 도처에 여전히 군림하고
있다.

광신주의

어떤 대상에 대해 무비판적이고 맹목적이며 과잉된 집착을 열광적
으로 표출하는 수가 있다. 사랑에 빠진 젊은 베르테르의 자살 같은
것이다. 사람이 일단 그렇게 빠져버리면 그야말로 대책이 없다. 미
쳐있는 것이다.

　그런데 그런 광신이, 자기처럼 그 광신의 대상을 사랑하지도 존중
하지도 않는 사람들에 대해선 극도의 저주와 증오와 적의(敵意)를 퍼
붓는 수가 있다. "어떻게 이런 대상을 사랑하지 않을 수가 있는가?
그런 사람이 과연 사람다운 사람인가?"라는 식이다.

　소련 붕괴 후, 어떤 러시아 여성은 TV에 출연해 스탈린 시대를 회
고하면서 이렇게 말했다. "어린 소녀였던 나는 그 때만 해도 스탈린
같은 사람을 어떻게 사랑하지 않을 수가 있느냐고 의아해 했다." 스
탈린은 어린 그녀에게는 자신을 외부의 자본주의 악마들로부터 보
호하고 구해주는 구세주였다. 그랬던 스탈린의 악행이 흐루시초프

의 20차 공산당 대회 연설로 세상에 폭로되면서 그 여성을 비롯한 소련의 일반 국민들은 격심한 정신적 공황에 빠질 수밖에 없었다.

그렇다면 그런 광신적 사교집단 신도들은 어떻게 해서 만들어지는가? 바로 극도의 공포, 폭력, 외부정보 차단, 반복적인 세뇌교육, 거짓선전, 사생활 박탈, 배 굶기기, 심신 무력화, 황홀한 집단의식(儀式), "비록 배는 고프지만 우리는 성스럽고 선택받은 자"라는 허위의식 주입, 순교하는 자는 천국으로 간다는 '자살 특공대' 정신 같은 것으로 만들어진다.

그 옛날 위대했던 잉카 제국이 왜 멸망했는가? 그중 한 원인은 '인신 공여(供與)' 의식 때문이었다. 잉카인들은 태양이 사라지지 않게 하기 위해서는 어린 아이들의 심장을 신에게 봉헌해야 한다고 맹신했다. 그래서 때가 되면 선택받은 어린이의 어미가 대제사장이 기다리고 있는 피라미드 정상을 향해 자식의 손을 잡고 환희의 미소를 지으며 층계를 올라갔다.

거기서 대제사장은 날카로운 돌칼로 어린 아이의 심장을 순식간에 끄집어내 신에게 봉헌했다. 그러니 이게 대체 말이 되는 수작인가? 이 미개함을 본 스페인 정복자들은 내심 박수를 쳤다. "저런 짓을 하는 야만족은 당장 정벌해도 명분이 서겠구나." 하고.

이런 광신을 벗어나자는 것이 바로 근대의 문명개화였다. 비록 서양 사람들이 먼저 시작한 것처럼 돼 있지만, 누가 먼저 시작했건 어린 자녀를 인신공여로 바치지 않아도 되는 세상이 왔다면 그것만으로도 근대문명은 유의미한 것이었다.

그러나 광신의 세상은 우리 주변에 아직도 끈질기게 남아 있다. 예컨대 "명령만 하시면 수령님의 총, 폭탄이 되겠다."는 광신적 자살 특공대 세상이 북한에 엄존하고 있다. 남한에서도 "미국산 쇠고기 먹으면 '뇌송송 구멍탁' 운운." 하는 선전, 선동, 광신, 맹신이 도심을 석 달 열흘씩이나 난장판으로 만들었다. 창피한 노릇이다. 그 때의 10대 청소년 시위꾼들은 지금 쯤 무슨 생각들을 하고 있을까? 광신을 벗어난 문명개화 세상은 이래서 아직도 다하지 못한 숙제인 채로 남아 있다.

배외(排外)주의

반(反)자유의 폭정은 때로는 배외(排外)주의의 모습으로도 나타난다. 외국, 외국인, 외국문화, 대외개방, 다른 인종, 다른 부족, 혼혈인, 소수민족, 이민자에 대한 증오심, 혐오감, 적대감이 바로 배외주의다. 배외주의는 자기 민족, 자기 문화만이 가장 우월한 것으로 과장하고 다른 문화, 다른 관습을 야만, 열등, 퇴폐로 낙인한다.

배외주의는 독재자, 1당 독재, 민족지상, 국가지상의, 국수주의 이데올로기로 무장하고서 타깃에 대한 적개심을 세뇌하고 고취한다. 히틀러의 유대인 학살, 세르비아 독재자 밀로세비치의 인종청소, 르완다의 부족전쟁 같은 것이 그 대표적인 사례였다.

김정은의 수령독재 역시 '조선민족 제1주의' 운운하는 터무니없는 민족우월주의, 문화적 쇄국주의, 백두혈통 어쩌고 하는 천황 순혈주의, 서구문명에 대한'퇴폐'낙인을 일상화 하고 있다. 그러나 지구상 어떤 민족, 어떤 인종도 다 똑같은 호모 사피엔스(현생인류)의 후손이라는 점에서 한반도인은 생물학적으로나 두뇌(頭腦)적으로나 문화적으로나 다른 민족, 다른 인종보다 더 우월하지도 열등하지도 않다. 이럼에도, 평양방송은 한국에 온 결혼 이민자의 증가추세를 인종적 순혈주의의 시각에서 비난하고 나선 적이 있다.

우리에게도 우리보다 덜 발전된 나라와 국민에 대한 우월의식, 그리고 더 발전된 나라와 국민에 대한 '반감과 선망'의 2중정서가 분명히 있다. 이런 정서는 한반도인들의 지구시민사회(global civil society) 진출을 저해하는 퇴영적인 요소가 아닐 수 없다.

한반도인들이 더 본격적인 열린사회로 나아가려면 이런 자폐적인 병증으로 얼룩진 대외인식을 털어버리고 다른 민족, 다른 문화를 같

은 지구인의 다양한 존재양식으로 파악하는 방식에 더 익숙해져야
한다.

우리가 우리와 다른 사람들을 배척하면 그들도 우리를 배척한다.
필리핀에 간 일부 한국인 관광객들은 현지 관광매체에 이런 기사를
싣게 만들었다. "한국인들이 우리 나라를 많이 방문함에 따라 그들
중 일부의 난폭한 술버릇(drinking habit)과 고자세(patronizing attitude)가
현지인들의 당혹감을 유발하는 사례가 속출한 바 있다."

어느 탈북 여성이 북한에 강제송환됐을 때 북한 공안 당국자는 이
렇게 말했다고 한다. "조국을 배신한 것도 나쁜데 되x의 씨까지 뱄
어?" 남북을 막론한 코리안들에게는 아직도 '우물 안' 체질이 짙게
배어있는 것 같다. 이것은 못난 구습이지 잘난 자질이 아니다.

자의(恣意)적 지배

자유민주 체제는 인간의 선의를 믿고 그것에 모든 것을 위임하는 체
제가 아니다. 그보다는 인간이 설령 타락하더라도 그 타락한 인간들
이 권력을 제 멋대로 행사하지 못하게끔 여러 가지 견제장치를 마련
한 체제다. 헌정질서, 3권 분립, 복수정당제도, 의회민주주의, 법치

주의 등. 모두가 다 법과 제도로 인간의 자의성을 억제하려는 장치들이다.

흔히 권위주의 시대만이 권력자 1인의 자의적인 지배가 횡행한 시대였던 것처럼 말하지만 그렇지 않다. 민주화 후에도 우리 정치에는 초법적이고 자의적인 지배방식이 가시지 않았다. 김영삼 정부 때는 '인치(人治)'니 '제왕적 대통령제'니 하는 말들이 떠돌았다. 김대중 정부 때는 "왜 법으로 묶으려 하느냐?"는 말이 대통령 자신의 입에서 튀어나왔다. 법무부장관이 '총선연대'라는 운동단체의 '낙천 낙선운동'을 선거법으로 다스리겠다고 하니까, 법을 누구보다도 앞장서 수호해야 할 대통령이 그걸 못하게 하면서 했다는 말이다.

'낙천 낙선' 운동은 그러나 훗날 대법원 확정판결로 '불법'으로 판가름 났다. 이런 명백한 불법을 두고 "왜 법으로 묶으려 하느냐?"고 한 당시 대통령의 말 한 마디로 한국의 '민주화 시대 법치주의'는 치명적인 상처를 입었다. 서해교전 때는 우리 해군장병들이 교전수칙에 따라 적의 공격을 격퇴하는 것까지 제약을 받았다. 노무현 정부 때의 통일부 장관 이재정은 "그 때 그렇게 (교전수칙대로) 대응한 것에는 반성의 여지가 있다."고 말했다.

이명박 정부 집권초기에 있었던 '광우병 난동' 때는 "법치 위에 아스팔트 폭민(暴民) 있다."는 식이었다. 경찰관이 호루라기를 불자

"야, 시끄럽다, 우리 아기 깰라." 하며, 공권력을 마치 짚으로 만든 허수아비처럼 깔보았다. 폭도들이 의경들을 포위하고 옷을 벗기고 때리고 지갑을 빼앗아갔다. 일부 먹물 든 과격파는 민중 직접지배 어쩌고 하며 무정부주의적 '제멋대로 지배'를 선동하기도 했다.

민중주의의 '자의적 지배'는 독재자의 '자의적 지배' 못지않은 공포의 지배(reign of terror)다. 지금 어느 고등학교 교장이 감히 겁도 없이 교학사 역사교과서를 채택할 수 있는가? 언론도 지식인도 운동집단들의 폭력이 두려워 양비론으로 도망치고, 대통령도 겁이 나서 청와대 뒷산에 올라 '아침이슬'을 부르는 '겁먹은' 시대다.

민주화 이후의 민주화는 그래서 '민중'의 이름으로, '이념'의 이름으로 자행되는 '자의적 지배'의 폭력으로부터 벗어나자는 것이어야 한다. 공권력의 권능과 법치주의를 복원하자는 것이어야 한다. 우리가 지향해야 할 선진적(advanced) 사회는 단순한 초보적 법치주의 사회를 넘어선, 보다 첨단적인 매뉴얼 사회여야 한다.

근무지에서 매사를 임의(任意)로, 주먹구구식으로 처리하는 것이 아니라, 상세한 매뉴얼에 따라 수행하는 사회가 필요하다. 이런 매뉴얼이 없이 그저 근무자의 재량에 따라 하기도 하고 안 하기도 하는 '제 멋대로' 사회는 선진적인 '열린사회'라고 할 수 없다.

개인숭배

"종신 대통령, 총사령관, 이디 아민 다다 법학박사, 땅위의 모든 금수와 바다의 모든 물고기의 군주, 일반적으로는 아프리카, 그리고 특수하게는 우간다의 대영제국 정복자..." 이것은 1971~1979년 기간에 우간다를 통치한 이디 아민에게 붙은 칭호다. 아이티의 종신 대통령이었던 프랑수아 듀발리에도 예수 그리스도가 그의 어깨에 손을 얹고 "나는 이 사람을 선택했노라."라고 말하는 포스터를 방방곡곡에 부쳤다.

개인숭배는 지도자(fuhrer), 빅 브라더, 신(神)의 화신, 메시아, 아버지, 전지전능, 백전불패의 이미지를 가진 무오류(無誤謬)의 존재에 대한 절대적인 복종을 뜻한다. 그러나 인간이 신이 될 수는 없다. 개인숭배는 따라서 공포정치, 신비주의, 정보통제에 의해서만 유지될 수 있다.

듀발리에는 '통통 마쿠트(Tonton Macoute)'라는 비밀경찰을 운영하면서 반대자를 3만 명이나 죽였다. 스탈린도 모스크바 재판(Moscow Trial)이라는 숙청극을 통해 수많은 정적을 '트로츠키주의자' '멘셰비키' '부하린주의자'로 몰아 처형했다.

김일성 김정일 김정은에 대한 개인숭배 역시 종교 뺨치는 신학적

구조를 가지고 있다. 김일성은 성부(聖父), 김정일은 성자(聖子), 김정은은 성손(聖孫), 주체사상은 성령(聖靈), 당은 교회, 주민은 신도(信徒)인 셈이다. 주체사상의 이른바 '사회문화적 생명체론'이라는 것은 김일성 김정일 김정은을 포도나무(여호아), 주민을 포도로 연결하는 구약성경 시편(詩遍)의 구조를 띠고 있다.

개인숭배와 신비주의는 항상 같이 따라다니는 쌍생아다. 히틀러의 나치 당 대회는 대개의 경우 밤중에, 신비롭지만 의미는 없는 상징조작의 시각적, 음악적 효과를 동원하면서 마치 무슨 제의(祭儀)를 치르는 방식으로 진행되었다. 군중들은 고대 종교 의식에서 그랬던 것처럼 황홀경과 최면상태에 빠져 눈물을 흘리며 지도자를 향해 광란을 벌였다. 이런 경우 군중은 일종의 노예, 무엇에 빙의된 존재, 영혼을 잃은 좀비 같은 존재로 전락한다.

사이비 종교 같은 개인숭배가 주민의 영혼을 사로잡는 체제에서는 자유는 고사하고 인간조건이 존재하지 않는다. 기독교의 주기도문을 개작해서 "하늘에 계신 우리 아버지, 오늘 우리에게 일용할 양식을 주시고... 우리를 악에서 구하소서." 하는 대신 "주석궁에 계신 김일성 김정일 김정은 원수님이시여, 오늘 우리에게..."라고 찬미하는 세상에서는, 깨어있는 인간이 아닌 좀비들만이 배회할 따름이다.

그러나 신(神)을 자처하는 독재자일지라도 그가 이기지 못하는 것이 꼭 하나 있다. 바로 수명이다. 그들도 언젠가는 반드시 죽는다. 김일성도, 김정일도 심혈관 질환으로 쓰러졌다. 오늘날 북한에 필요한 것은 그래서 아담과 이브의 반란이다. 그들의 '창조주 아닌 창조주'에 대해 발가벗은 피조물들이 수치심을 자각하는 것이다.

이 자각을 우리 대한민국의 자유인들이 고취해야 한다. 방송으로, 전단지로, USB로, CD로, 한류로. 북한주민들이 그들의 천부적인 '행복추구권'을 깨치는 날, 평양 가짜 신들의 동물농장은 이윽고 무너질 것이다.

집단주의

자유, 자유주의, 개인의 기본권에 반대되는 것으로 집단주의라는 게 있다. 집단(계급, 인종, 민족, 단체 등)이 개인보다 높고, 집단 자체의 의지와 사명과 목적을 가지고 있다는 것이다. 이런 사상의 선구자는 장 자크 루소다.

루소는 집단의사 또는 '일반의사(volonte general)'라는 개념을 설정했다. 그의 '일반의사'는 훗날 20세기 사회주의, 공산주의, 파시즘의 철학적 원류로 이용되었다. 이점에서 루소의 '일반의사'는 존 로크,

몽테스키외 같은 사람들의 권력 분산론, 개인의 권리 보호와는 현저하게 달랐다.

집단주의에 대한 반론은 고전적 자유주의자, 리버테리안 (libertarian), 개인주의적 무정부주의자, 그리고 '객관주의자(objectivist)'라고 불린 프리드리히 하이에크(Friedrich Hayek)의 1944년 판 『노예의 길(The Road to Serfdom)』이란 저서에서 본격적으로 제기되었다.

'객관주의'의 대표적인 논객은 에인 랜드(Ayn Rand)였다. 그는 집단주의를, 이른바 '자명한 공동선'이라는 허울 좋은 굴레에 개인이 예속당하는 것이라고 했다. '자명한 공동선' 어쩌고 하는 것은 폭군들이 즐겨 휘두르는 방망이에 불과하다는 것이다.

아닌 게 아니라 우리 사회에서도 집단이 마치 무슨 거룩한 공동선을 대표하는 것인 양 떠벌려진 점이 분명히 있었다. 진영 논리가 그것이다. "가문을 위해" "지역을 위해' "민족을 위해" "국가발전을 위해" "민주화를 위해"라는 명분 앞에서는 개인은 꼼짝 못하고 꼬리를 내려야만 했다. 그리고 이런 말들이 상당한 정도의 호소력과 구속력을 발휘했던 점도 부인할 순 없다.

그러나 그 점을 인정한다 하더라도 선진적인 자유민주 사회로 나아가려면 이제는 집단의 구속력으로부터 벗어난 자유로운 개인들의 의사와 양심이 밤하늘의 별처럼 반짝이는 시대로 넘어가야 한다.

집단주의는 근래에는 집단이기주의, 집단광기, 권력화된 거대집단의 횡포라는 타락상을 드러내고 있기도 하다. 자기주장과 항심(恒心)이 없는 부동층(浮動層)이 집단의 익명성 속에 숨어서 집단의 이름으로 '홍위병' 폭력을 연출하기도 한다. 공부 깨나 했다는 인텔리들까지도 집단의 폭력과 협박이 두려운 나머지 자신의 견해를 드러내지 않고 비굴하게 침묵하는 사례가 비일비재하다.

이념집단, 거대노조, 네티즌 집단, 종교단체들도 이제는 권력 그 자체다. 이 집단권력의 위세는 개인의 양심의 자유를 억누르고 표현의 자유를 핍박하는 새로운 '닫힌 사회'의 장본인으로 발벗고 있다. 우리의 근, 현대 정신사엔 '개인주의'의 층이 두텁지 않다. 식민지 해방운동, 국가건설, 전쟁수행, 산업화, 민주화가 요구한 집단주의의 층이 워낙 두터웠기 때문이다.

이래서 한국을 포함하는 아시아 사회는 '개인'을 매몰시켜 왔다. 가부장 사회, 모계사회, 씨족사회, 부족사회, 마을공동체, 군주제 국가, 식민지 국가, 그리고 그 후의 이런저런 권위주의가 '개인의 자유'를 퇴폐로, 방종으로, 이기주의로 낙인했기 때문이다. 그러나 산업화, 민주화를 거친 오늘의 시점에서는 이제 '개인'의 창조적인 자질을 한껏 발휘해야 할 시대를 마주하고 있다. 개인이야말로 '열린사회'의 주역들이다.

무정부주의

공산권이 붕괴하면서 우리 사회에서 전처럼 '사회주의, 공산주의'를 부르짖는 목소리는 현저하게 줄었다. 그러나 그 대신 일종의 무정부주의적인 경향으로 간주할 수 있는 현상이 등장하기 시작했다.

'광우병 난동' 때 모습을 드러낸 '민중권력' '코뮌(commune)주의' 운운이 바로 그것이다. 기존의 국가를 없애고 '민중 직접지배'와 '직접 민주주의'로 가자는 소리였다. 기존의 좌파는 크게 두 갈래로 나뉘어져 있다. 민족주의를 내거는 종북세력과, 마르크스-레닌주의는 아니지만 또 다른 종류의 '혁명적 근본주의'로 가는 계열이 그것이다. 무정부주의적 흐름은 두 번째 계열의 한 갈래라 할 수 있다.

그들에게는 밖으로 내세우는 문패가 없다. 그냥 막연한 변혁뿐이다. 기존의 국가, 시장경제, 세계화, 대의제 민주주의, 엘리트 지배, 관료제, 법치주의에 대한 저항, 그리고 반(反)기술문명, 반(反)개발, 반(反)성장의 녹색 무정부주의(green anarchism)와 무정부주의적 페미니즘(anarcho feminism) 등이 흔히 목격되곤 한다.

이런 흐름을 무정부주의라는 하나의 이름으로 묶는 것엔 물론 무리가 따른다. 다만, 그들의 일부 징후들이 19세기 말~20세기 초의 무정부주의적 성향을 상기시켜 준다는 것뿐이다. 그들의 그런 경향은 자유민주 헌정체제를 수호하고자 하는 측에게는 간과할 수 없는 위험요인을 안겨 준다.

그들은 우선 인간에 내재하는 '파괴충동'을 격발시킨다. 질서를 혐오하고, 권위를 인정하지 않고, 폭발적이며, 비논리적이고, 반(反)문명적이다. 그래서 그것은 한 번 폭발하면 순식간에 도심 광장을 '해방구'로 만들어버리는 군중폭란으로 비화할 수 있다.

더군다나 한국 사회에는 민주화 이후, 그리고 지구화된 무한경쟁 이후, 질서에 도전하는 대중적 폭발성이 고조되는 추세에 있다. 이런 시대적 배경을 깔고 있는 대중의 파괴욕구는 최근에 와 이미 만성화되는 조짐을 보이고 있다.

대중은 우파가 무엇인지, 좌파가 무엇인지 잘 모른다. 그런 것엔 아예 관심도 없다. 그러나 그들은 기성 주류(主流)에 대한, 그리고 불특정 다수에 대한 불만과 반항심을 항상 품고 있다. 그런 정서는 아주 사소한 동기만으로도 쉽게 다이나마이트처럼 터질 개연성을 안고 있다. 특히 주류사회의 부도덕, 무능, 이기주의, 부패, 정책실패가 목격될 때마다 그들의 '반란'은 불꽃놀이처럼 작렬한다.

레오 톨스토이(Leo Tolstoi), 헨리 소로우(Henry Thoreau), 존 스타인백(John Steinback) 같은 존경받는 문인, 사상가들도 그런 시대적 배경을 깔고 무정부주의적 민중주의로 쏠렸다. 이런 경향에 대해 자유민주

진영은 다양하고 정제되고 세련된 대책을 마련해 두어야 한다. 불법에는 준엄한 공권력 집행으로, 종북세력에 대해서는 철저한 고립화로, 그리고 혁명적 급진주의에 대해서는 서구 사회민주주의의 방파제 역할로 힘을 실어주어야 한다.

반란, 저항, 궐기, 봉기, 파괴, 해방, 해체, 거부, 증오, 공격성으로 나타나는 대중적 무정부주의는 그러나, 역사상 단 한 번도 대안적 체제로 구현된 적은 없었다. 마르크스가 예찬했던 프랑스의 '파리 코뮌'도 그저 한 순간의 일장춘몽으로 끝났을 뿐이다.

바쿠닌(Bakunin)도, 프루동(Proudhon)도, 크로포토킨(Kropotokin)도, 아나르코 상디칼리즘(anarcho-syndicalism)도 '꿈은 야무졌지만 대안은 없었던 몽상적 몸부림'으로만 기억되고 있다. 이 몽상을 털고 한국 좌파가 그나마 21세기적 조건에서 일정한 건설적 역할을 할 수 있으려면 그들은 '대한민국의 충성스러운 좌파'로서, 대한민국 자유민주 헌정체제의 한 진보적인(사회민주주의적인) 멤버로서 들어오는 길밖에 없다. 지난 시대 러시아와 서유럽의 무정부주의 혁명가들이 결국은 다 그렇게 무위(無爲)로 끝난 역사의 교훈을 되새겨야 할 것이다.

몽매(蒙昧)주의

몽매주의(obscurantism)는 지식의 전파를 막는 행위다. 아는 사람들만 알아들으라고 하는 밀교적 표현법, 모호한 표현법도 같은 것이다. 대표적인 사례가 플라톤이 말한 '고상한 거짓말(noble lie)'이라는 것이었다. 절대적으로 우월한 철인(哲人) 군주는 백성들의 이익을 위해서는 거짓말도 해야 한다는 것이다. 군주가 백성들의 이익이 무엇인지 다 알아서 할 것이니까 어리석은 백성들은 일일이 다 알려고 하지 말라는 것이다.

이처럼 몽매주의는 '닫힌 사회'의 불가결한 통치수단이다. 몽매주의는 고대, 중세에만 있었던 게 아니다. 현대에 와서도 독재국가, 전체주의 체제에서는 몽매주의가 어김없이 있어 왔다.

독재국가가 아니더라도 거짓선동이 판치는 나라에서는 몽매주의가 얼마든지 기승할 수 있다. 광장의 촛불 부대는 미국산 쇠고기를 먹어도 아무 탈이 없다고 하는 의견에 대해서는 야유와 협박과 폭력을 휘둘렀다. 과학적인 지식의 전파를 막은 몽매주의였던 셈이다.

청소년들에게 편향된 근, 현대사 교과서를 읽혀서 대한민국을 '식민지 종속국'이라고 가르치는 행위도 몽매주의의 전형이다. 그것이 그렇지 않다고 말하면 대뜸 '수구꼴통'이라는 협박이 날아든다. 인민재판, 사이비 종교재판인 셈이다. 이처럼 독선적인 세력은 거짓 교설을 퍼뜨리면서 사실과 진실의 전파를 가로막으려 한다. 오늘날 거짓을 전파하고 진실을 은폐하는 대표적인 우민정책의 장본인은 일부 미디어, 영상물, SNS다.

철학, 이념, 사상, 이론이라는 것은 원래 인간의 지식의 지평을 더 넓히자는 것이다. 그러나 그 철학, 이념, 사상, 이론 때문에 오히려 진실과 사실에 접근하는 것이 훼방을 받는 일이 너무나 많다. 일부 대(大)이론가라는 사람들의 말이나 글을 보면 그것은 '논픽션'이라기 보다는 거창한 '픽션'을 설파하는 것처럼 들린다. 헤겔 철학은 그 때문에 쇼펜하우어에 의해 사이비 철학(pseudo philosophy)라는 비판을 받은 바 있다.

우리 현실에서도 일부 이론가들은 현실을 있는 그대로 설명하기 보다는, 자기들의 편견에 두드려 맞추려고 현실을 무리하게 왜곡하고 재구성하고 각색한다. 이것은 특히 오늘의 한국 수구좌파의 고질적인 병폐의 하나다.

인터넷 공간 역시 무근거한 뜬소문을 진실인 것처럼 전파하고 있다. 청소년들은 실증적인 조사나 검증 없이 인터넷의 '거짓 복음'을 무슨 성전(聖典) 말씀처럼 확신해 버린다. 인터넷은 이렇게 해서, 신판 사이비 종교의 광신도들을 양산하고 있다.

학력은 갈수록 높아져서 학사, 석사, 박사들의 숫자가 해변의 모
래알만큼이나 많아졌다. 그러나 그 학사, 석사, 박사들 가운데 적잖
은 이들이 '미국산 쇠고기 수입 반대' 굿판에서 광우병 괴담을 조작
하거나 퍼뜨렸다면, 그 몽매주의와 우민화 획책이 중세기 종교재판
보다 덜했다 할 수 있을까?

총체(總體)주의

철학에는 총체주의(totalism) 이론이라는 것이 있다. 한 개의 거대한
틀 속에 우주, 역사, 국가, 정치, 경제, 사회, 문화를 통째 담아내려는
'한덩어리(wholeness)' 이론체계를 말한다. 중세기의 스콜라 철학, 그
후의 헤겔 철학, 그 후의 마르크스주의가 예컨대 그런 것이다.

헤겔은 '절대정신'이라는 것을 전제하고서 그것이 겉으로 드러나
는 과정(外化)이 곧 우주, 자연, 역사, 사회, 국가, 정치, 경제, 규범, 문
화, 인간의 삶이라고 풀이했다. 마르크스는 헤겔의 '절대정신'을 '물
질'로 바꿔치기 해서 유물변증법과 사적(史的) 유물론으로 우주와 역
사와 사회와 인간을 한 줄로 꿰서 설명했다.

이런 총체주의적(totalistic) 철학이 권력으로 강제되는 사회가 다름

아닌 전체주의 사회다. 총체주의 철학에서 개인의 창조성 따위는 묵살당한다. 그보다는 우주를 덮고 있는 거대한 법칙만이 하느님의 섭리(攝理)처럼 세계를 지배하는 것으로 되어 있다.

이런 철학에 의하면, 눈에 보이는 세상 이면에는 '절대진리'라는 게 있다. 공산주의의 경우 이 진리는 곧 마르크스, 레닌, 스탈린, 마오쩌둥의 '말씀'이다. 이 진리를 받아들이는 쪽은 '순수(purity)족'이고, 받아들이지 않는 쪽은 '불순(impurity)족'이라는 것이다.

그래서 '순수한' 인간들만이 이 세상에서 사는 것이 허용되고, '불순한' 사람들은 그 권리를 인정받지 못한다. 그래서 권력은 상황통제(milieu control)와 사상개조(thought reform)를 통해 전 주민을 '순수한' 새 인간으로 개조하는 작업을 수행한다. 이 사상개조 작업은 자기고백(confession), 마음의 비움(기존사고의 완전 청산), 권력에 대한 '나'의 완전한 투항, '신성한 진리'의 무조건적 접수, 그에 대한 절대적인 믿음(creed)과 복종 서약으로 수행된다.

이 개조작업을 통해 인간은 엄마, 아빠에게 전적으로 의지하는 아기 같은 심리상태에 놓이게 된다. 조지 오웰의 소설 『1984』에서 주인공은 빅 브라더의 세계에 대해 회의를 품고 꿈틀거리기도 했지만 결국은 그도 별 수 없이 빅 브라더의 어린 아이가 되고 만다. 『1984』의 마지막 장면은 그래서 이렇게 끝난다. "그는 빅 브라더를 사랑하고 있었다." 절망의 막장인 셈이다.

1980년대 우리 사회에도 그러한 '신성한 진리' 또는 '신성한 과학'이 대학가를 휩쓸었다. 그 사상개조를 받아 재창조된 돌연변이들이 오늘날 우리 정치와 교육과 문화와 선전선동 수단을 장악해 왔다. 그들의 '신성한 과학'은 이젠 녹슨 폐품이 되었지만, 그들의 중독증만은 여전히 광장에서, 교실에서, 작업장에서, 정계에서, 종교계에서, 그리고 유모차 행렬에서 끊임없이 금단(禁斷) 증상을 일으키고 있다. 토탈리즘, 그것은 그래서 자유로운 개인들의 숨통을 죄는 닫힌 사회의 덫이다.

병영사회

특정한 집단을 군대식 편제로 조직화해서 그 구성원들의 일과(日課)를 일정한 시간표에 따라 강제하는 경우가 있다. 교도소가 그렇지만, 교도소가 아니라고 하면서도 그런 교도소 같은 병영사회가 종종 출현하곤 한다. 이런 상태를 처음으로 지적한 사람은 사회학자 허버트 스펜서(Herbert Spencer)였다. 그는 병영화(regimentation)를 강제성(coercion), 군사화(militarization), 획일화(uniformity)와 한 묶음으로 설명했다.

그가 예로 든 것은 주로 과거 영국의 기숙학교와 노역장이었다. 샬롯 브론테의 소설 『제인 에어』에서 여주인공은 바로 그런 음습한 기숙학교에서 우울하고 질식할 10대를 보낸다. 장학관, 학교당국, 사감, 교사, 학생이 마치 군대 같은 위계질서로 연결된 체제에서 전체 집단이 24시간 일사분란한 시간표에 따라 기계처럼 움직이는 상황, 이런 병영화 사회는 소설이 아닌 21세기 현실에도 엄연히 있다.

예컨대 미얀마 군대가 점령하고 있는 카렌(Karen)족 마을이 그렇다. 민족은 있으나 국가가 없는 카렌족은 미얀마 군대의 명령에 따라 마을 주위에 울타리를 치고 살면서 그 밖으로 나가면 불문곡직 사살당한다. KHRG(Karen Human Right Group, 카렌족 인권 그룹)이라는 단체는 2006년도에 생명을 걸고 그 마을에 잠입해, 카렌족 마을의 생생한 사진과 보고서를 세계에 전한 바 있다.

밤중에 강으로 고기를 잡으러 울타리 밖으로 나갔던 한 청년은 발각 즉시 사살당했다. 부녀자들에 대한 성적 학대, 어린이를 포함하는 부락민들에 대한 강제노역 등 부락 자체가 교도소이자 수용소이며 대대(大隊)나 중대(中隊)인 셈이다.

19~20세기 초까지의 맨체스터 등 영국의 작업장과 기숙사 생활, 부패한 당국과 부패한 노조가 결탁해서 힘없는 하역(荷役) 노동자들을 꼼짝 못하게 묶어놓았던 뉴욕 항만작업 현장, 제정 러시아와 스

탈린 때의 시베리아 수용소, 히틀러의 유대인 구역(ghetto), 모택동 당시의 인민공사, 문화혁명 당시 중국 지식인들의 농촌 하방(下放), 그리고 오늘의 북한체제, 특히 정치범 수용소가 병영화 사회의 대표적인 사례다.

철조망으로 국경을 봉쇄한 국가로는 1980년대 말에 붕괴한 동독도 예외가 아니었다. 마음대로 장소이동을 할 수 없고, 나만의 사생활과 자유시간이 없고, 일정표가 일방적으로 강제되고, 모두가 똑같은 유니폼을 입고, 나의 이익과는 무관한 강제노역을 해야 하고, 근무시간 후에도 집단생활을 해야 하고, 높은 망루(望樓)와 검문소에서 나의 일거수 일투족을 감시하고, 오직 장군님의 명령 한 마디에 따라 로봇처럼, 노예처럼 살아야 하는 삶, 이런 세상은 우리에게서 결코 멀리 떨어져 있지 않다.

오늘의 자유사회를 한반도 남쪽에나마 이만큼 확보한 것은 그래서 당연지사가 아니라 기적이요, 천행이다. 국립묘지에 잠들어 있는 무명용사들과 그 지휘관들의 생명의 대가인 것이다.

유모차의 자기 아기를 가투(街鬪) 일선에 내세운 투사(?) 엄마들, 촛불 들고 세계 2억 명이 먹는 멀쩡한 미국 쇠고기를 안 먹겠다며 석 달 열흘 동안 서울 도심을 무법천지로 만든 10대 20대들. 그들이 과연 허버트 스펜서가 조명한 '병영화 사회'의 끔찍함을 알까? 아마 모를 것이다.

야만의 괴수(怪獸)

윌리엄 골딩(William Golding)의 소설 『파리 대왕(The Lord of Flies)』은 인
간 내면을 지배하는 것은 야만성(savagery)이지 문명성(civilization)이
아니라는 비관론을 깔고 있다.

일단의 소년들이 무인도에 표류한 다음 그들은 해변의 소라(conch)
를 보호하자는 회의를 소집하고 결의한다. 그러나 얼마 가지 않아
그들은 소라를 점차 없애가고야 만다. 바로 그들의 마음속에 있는
도사리고 있는 반(反)문명적 파괴본능, 그리고 그것을 표상한 괴수(怪
獸, beast)가 발동한 탓이다.

해변의 소라를 보호하자는 회의 소집은 민주주의를 상징하는 것
이고, 소라를 보호하자고 결의한 것은 사회 규범을 상징하는 것이
다. 그리고 그들의 파괴본능의 화신(化身)인 괴수는 곧 '인간본성=야
만성'임을 상징하는 것이다. 한 마디로, 문명, 질서, 규범, 민주주의
라는 것은 한낱 얇은 마스크에 불과하고 그 마스크를 살짝 벗기기만
하면 거기엔 인간의 진짜 본성인 야수성, 야만성, 파괴성이 엎드려

있다는 것이다.

인간의 본성과 관련해서 성선설이 맞는지 성악설이 맞는지는 여기서 단정적으로 말할 수 없다. 그러나 인간의 내면에는 선과 악이 동시에 있다는 것, 그 두 가지는 인간 개개인과 집단 내부에서 항상 서로 부딪히고 있다는 것, 이 정도는 충분히 느낄 수 있다.

자유민주주의라는 것도, 골딩이 그린 괴수의 파괴 본능을 억제하려는 문명적인 의지와 절제력이 있어야만 유지할 수 있다. 민주화 이후의 우리 사회엔 그렇다면 어떤 괴수가 날뛰고 있는가? 바로 천 민주의 식, 막가파 식, 홍위병 식 집단광기다.

'정의'와 '진리'를 독점했다고 자임하는 세력의 권력화와 타락, 그들의 언어폭력, '깽판치기' '떼 법(法)', 음모와 사기, 불법난동, 중상모략, 카더라 방송, 인격살인. 이것들이 방치된다면 우리는 윌리엄 골딩이 그린 민주주의의 쇠락과 문명의 조락을 피할 수 없다. 우파냐 좌파냐 하기 이전에, 문명이냐 야만이냐, 건강함이냐 질병적인 것이냐, 그리고 이에 대한 항체(抗體)가 있느냐 없느냐 하는 것이 더 절박한 이슈로 부각되어야 하는 것이다.

자유민주주의의 '열린사회'는 건전한 지성, 건전한 감성, 건전한 품성을 가진 건전한 개인들을 전제로 하는 사회다. 이런 '열린사회'를 지탱하는 역량이 우리 사회에서 지금 급속도로 떨어져 가고 있다.

우리 마음에서 나온 괴수(怪獸)가 광화문과 시청 앞 광장을 휩쓸고 있는 시대를 우리는 만들어 놓았다. 이 추세를 돌이킬 아름다움의 항체, 청신함의 항체가 절실히 요구되는 상황이다.

반(反)지성

좌, 우를 막론하고 지식, 지식인, 높은 공부 한 사람, 그리고 학문, 교양, 예술을 향유하는 사람을 미워하고 질시하는 경향이 종종 있어 왔다. 이런 반(反)지성(anti-intellectualism)의 경향은 스스로 '보통 사람'의 대변자임을 자임한다. 그리고 권력이 권위주의, 민중주의, 근본주의로 흐를수록 지식인은 훼방꾼쯤으로 배척받는다.

물론 지식인들에게도 배척받을 만한 흠은 있을 수 있다. 그러나 그렇다고 해서 고학력자, 영어 잘 하는 사람을 적대시한 노무현 스타일의 반(反)지식인주의는 아무래도 좀 비정상적이다. 유신체제 하에서도 자유주의적, 비판적 지식인들이 '일꾼' 아닌 '말꾼'이라고 매도당한 적이 있다.

종교적 근본주의자들 가운데도 비판적 지성을 무조건적 신앙을 방해하는 적대요소로 치부하는 사례가 꽤 있다. 지식은 '회의론(懷疑論)'과 '불가지론(不可知論)'을 깔고 있기 때문에, 지식 추구 즉 '영원히 의심하는 행위'는 불경(不敬)하고, 신성모독이라는 것이다.

인텔리는 볼셰비키, 스탈린주의자, '위대한 수령'이 군림하는 곳에서도 '우범자'이자, 잠재적 반혁명 분자로 감시당한다. 북한에서도 1950년대 말에 김일성 우상화 작업이 시작되면서 그나마 잔존하던 구(舊) 인텔리 출신(특히 남쪽 출신)들이 모조리 숙청당했다. 그리고 심지어는 정통 마르크스, 엥겔스, 레닌의 저작들까지 수령절대주의에 반하는 것이라 해서 압수당했다.

고급지식과 고급문화는 대중사회에서도 소외당하고 외면당한다. 광고, 막장 대중문화, SNS, 폭민(暴民)주의, 선동, 뜬소문이 정확한 지식, 바른 정보, 옳은 판단에 린치를 가한다. 이 점에선 대학사회도 예외가 아니다. 대학이 고급문화의 외로운 성채(城砦)임을 자긍(自矜)하지 않고, 바깥 대중사회의 폭력과 탁류에 영합하고 있다.

자유사회, 열린사회는 고독을 마다하지 않은 스피노자, 칸트 같은 진지한 '지식의 구도자'들이 이룩해 낸 사회다. 그들은 한 사람의 폭군이나 수십 만 군중이 뭐라고 악다구니를 해대도 "아니면 아닌 것이다."로 살았던 사람들이지, 그런 '떼 바람'에 휩쓸려 다닌 사람들이 아니다.

한 때 우파 권위주의의 반(反)지성이 태풍처럼 휩쓸고 간 그 자리를 이제는 좌파 반달리즘(Vandalism)의 반(反)지성이 점거하고 있다. 이래서 적어도 지성(知性)의 확립이란 차원에서 우리에게는 아직도 탈(脫)근대는 고사하고 근대조차 제대로 완결되지 않았다.

참 지성은 그렇다면 어디서 나오는가? 그것은 '떼'에 휩쓸리지 않으려는 정신에서 나온다. 세상 사람들 모두가 한 방향으로 우우 떼를 지어 몰려가도 "나는 그리 몰려가지 않겠다."고 하는 용기와 정직성이 바로 그것이다. 열린사회는 이런 치열한 올곧음의 산물이다.

불관용

내 의견과 다른 의견을 도저히 용납할 수 없다는 것이 불관용이다. 중세기 말의 가톨릭 교회와 개신교 사이가 그랬다. 가톨릭을 믿는 프랑스 왕권은 성(聖) 바도르뮤 축일을 기해 개신교도들에 대한 일대 학살을 자행한 적도 있다. 학살을 피해 스위스로 도피한 개신교도들은 그들 나름대로 '이단'에 대해 무자비한 칼자루를 휘둘렀다.

이런 불관용은 1600년대 말에 와서야 베스트팔렌 조약을 계기로 종교적 관용의 시대로 바뀌기 시작했다. 양쪽이 다 지쳐버린 것이다. 이처럼 관용 또는 공존이란 서로 상대방의 씨를 말릴 수는 없다고 하는 피로감의 산물인지도 모른다.

그러나 근, 현대에 들어서도 정치적, 이념적, 종교적 불관용은 여전했다. 이스라엘과 팔레스타인 사이, 레바논의 마로나이트 기독교도와 이슬람 과격파 사이, 르완다의 후투족과 투치족 사이, 세르비아와 코소보 사이가 모두 그러했다. 이런 불관용은 '이단'의 존재를 원천적으로 용인하지 않는 총체주의(totalism)적 신앙과 신념 탓이다. 그리고 가해자의 잔혹성과 피해자의 복수심이 끝없는 악순환을 되풀이하는 탓이다.

이 악순환은 양쪽에 온건파가 세(勢)를 잡으면 점진적으로 완화될 수도 있다. 문제는 온건파의 득세가 그렇게 쉽지 않다는 점이다. 각 진영의 강경파가 외부의 적(敵) 못지않게 내부의 온건파를 '배신자'로 몰아 적대하기 때문이다.

자유민주주의란 바로, 모든 진영의 온건파들이 득세해서 모든 진영의 강경파들을 압도한 상황을 말한다. 그렇다면 '온건'이란 무엇인가? '온건'은 결코 유약하거나 무원칙하거나 흐릿한 것이 아니다. '온건'은 한 마디로 의회민주주의의 룰을 말한다. 각 진영이 자체의 정체성만은 확고하게 가지되, 모든 결정을 반드시 내전(內戰)이 아닌 의회민주주의 방식으로만 내리자는 것이다.

이런 틀을 짜놓고 그것을 법치주의로 엄격하게 지키기만 하면 여러 다양한 진영들의 공존, 즉 '관용의 체제'가 가능하다는 것이다. 이런 방식은 비록 완벽한 것은 아니더라도, 그래도 그런 체제라면 각자가 양심의 자유를 견지하는 대가로 목숨을 잃는 일만은 없을 것이다. 어차피 하늘 아래 완벽한 정치사회란 없는 것이고.

문제는 '관용의 체제'가 그것을 파괴하려는 자들까지 "관용할 수 있고, 관용해야 하느냐?"는 물음이다. 일부는 그것까지도 관용해야 한다고 말한다. 그러나 세계의 모든 선진적 '관용의 체제'들은 "그것만은 노(no)."라고 말한다. '관용의 체제' 자체를 부정(否定)하고 전복하려는 세력까지 관용할 수는 없다는 것이다. 그래서 선진 민주국가들일수록 그런 반대측을 제재하는 법규와 법 집행이 오히려 더 엄중하다.

낙인(烙印)

히틀러는 유대인들에게 가슴에 '다윗의 별' 마크를 달고 다니라고 강제했다. 누가 보더라도 대번에 '나쁜 유태인'임을 알게 하겠다는 것이다. 이게 낙인이다. 고대와 중세 때도 동서양을 막론하고 낙인

행위는 있었다. 행실이 나쁘다고 간주된 여성의 이마에 시커멓게 먹물 낙인을 하기도 했다.

낙인당한 사람들은 '나쁜 부류'라는 범주로 일괄 분류된다(stereotyping). 그리고 격리, 차별, 신분격하, 박탈, 증오, 박해의 대상이 된다. 낙인당한 사람들은 소수민족, 장애인, 한센 씨 환자, 소수부족, 특정 부락민, 혼혈인일 수도 있다. 아니면 '범죄형' 얼굴이라고 지목된 사람들일 수도 있다. 정치적으로도 낙인은 '희생양 만들기(scapegoating)'의 중요한 수단으로 사용된다.

권위주의 정권 하에서는 비(非)순응주의자(non-conformist)들을 '불순분자' '국가관이 없는 자'라고 낙인 했다. 한 때는 송창식의 '왜 불러' 이미자의 '동백 아가씨'도 반(反)시국적 '일본 색'이라는 이유로 방송금지곡으로 분류되었다. 장발(長髮) 청년들과 미니스커트 여성들이 노상 검문에 걸려 온갖 수모를 당하기도 했다. 그러다가 요즘엔 세월이 뒤집혀서, 못마땅한 상대방을 '수구꼴통' '수구냉전' '반(反)통일' '친일파' '매국노'로 낙인하는 풍조가 일고 있다.

8.15 해방공간에서도 남로당 계열은 우익 진영 리더들을 한 묶음으로 '친일파' '반동'으로 낙인했다. 심지어는 김구 선생까지도 그가 남북협상에 가담하기 전에는 '반동'으로 규정했다. 그러나 그가 남북협상에 갔다 온 이후로는 그를 대한민국 건국세력에 대한 반대의

상징으로 치켜세우며 이용했다.

1950년대에 진보당을 이끌었던 조봉암 씨의 경우도 그와 비슷하다. 그는 8.15 당시 공산당 당원이었다. 그러나 그는 박헌영 노선을 비판한 끝에 출당(黜黨) 처분을 받았다. '배신자' '변절자'라는 낙인과 함께. 조봉암 씨는 그 후 중간노선으로 전환했다가 다시 대한민국 건국에 참여해서 초대 농림부장관으로 발탁되었다. 그리고 이승만 대통령의 농지개혁을 도왔다.

조봉암 씨는 그러나 얼마 가지 않아 이승만 대통령과 대립하는 입장에 섰다. 두 번이나 대통령 후보로 출마해서 상당한 득표를 했다. 그리고 그는 이어서 사회민주주의 노선이라 할 진보당의 리더가 되었다. 대통령 선거에서 그가 보인 의외의 득표력은 자유당 정권은 물론 야당인 민주당에도 심각한 위협으로 간주되었다. 그래서일까, 그는 '진보당 사건'이라는 대규모 형사소추를 거쳐 교수대의 이슬로 스러졌다.

그 때부터, 그를 '배신자'라고 낙인하던 북한은 언제 그랬느냐는 듯, '혁명열사능'에 그의 가묘(假墓)를 만들어 세웠다. 필요에 따라 사람을 '배신자'라고 낙인하기도 하고 '열사'로 치켜세우기도 하는 극좌 마키아벨리스트들의 상투적인 수법이었다. 김수환 추기경에 대해서도 한 때는 '최고'라고 치켜세우던 자들이 그가 좌파를 비판하는 듯하자 여지없이 깎아내렸다. "그의 민주화 공로는 과장되었다." 어쩌고 하면서.

낙인과 집단 따돌림은 2000년대 이후라 해서 예외가 아니다. 광우병 난동 때 군중들은 그들에 반대하는 소수의 시위자들을 향해 "웬 친일파!"라며 "죽여라, 죽여라!" 하고 소리를 질렀다. 이런 군중 재판과 린치와 낙인이 판치는 한 열린사회는 아직도 '머나먼 쏭바강'이다.

큰 거짓말

히틀러는 그의 저서 『나의 투쟁』에서 '큰 거짓말(Big lie)'이라는 말을 쓴 바 있다. 유대인들이 그런다는 식으로 한 말이지만, 나중에 그 자신이야말로 '큰 거짓말'로 대중을 속이는 선동정치의 장본인이 되었다. 2차 대전 중 미국의 '전략국(Office of Strategic Services)'이라는 부서가 작성한 보고서는 히틀러의 심리전에 대해 이렇게 적고 있다.

"그의 심리전의 으뜸가는 원칙은 이것이다. 대중의 흥분상태를 절대로 식히지 말 것, 이쪽의 잘못을 절대로 인정하지 말 것, 상대방에도 일리 있다는 식의 양보를 절대로 하지 말 것, 대안의 여지를 절대로 두지 말 것, 상대방의 비판을 절대로 접수하지 말 것, 하나의 적에게 모든 나쁜 책임을 전부 뒤집어 씌울 것, 대중이란 이렇게 큰 거짓말을 반복해서 들려주면 그것을 진실로 믿게 된다는 것이다."

광우병 난동 때 선동매체들은 과격 시위대가 전경을 구타하고 전경 버스를 전복시키는 것은 덮으면서, 경찰의 '강경진압'이라는 것만 과장해서 떠들어댔다. 일부 네티즌들은 여학생이 죽었다느니 어땠다느니 하는 거짓말을 마구 만들어 퍼뜨렸다.

10대 여학생들이 "조-중-동 쓰레기야..." 어쩌고 하면서 거리를 쏘다녔다. 한 여기자가 그들에게 다가가 "그걸 어떻게 알았느냐?"고 물으니까 그들의 답변인즉 "언니 알바에요? 인터넷에 다 나와 있어요."라는 식이었다. 큰 거짓말이 대중에게 먹히는 현장이었다. 선동매체의 보도가 거짓이고 조작이라는 증거가 속속 드러나도 선동꾼들은 히틀러의 방식 그대로, 그들의 과오를 결코 인정하지 않았다.

6.25는 북침, 아웅산 테러는 남한의 자작극, 8.15 해방은 김일성의 조선혁명군이 이룩한 것, 김정일은 소련 땅 아닌 백두산 밀영(密營)에서 태어났다는 것, 이 모든 큰 거짓말들을 오랜 기간 반복해서 들려주니까 북한 주민들은 그게 사실이라고 믿게 되었다.

일부 편향된 역사교과서를 통해 "8.15 때 일장기가 내려진 자리에 성조기가 올라갔다."고 큰 거짓말을 해 놓으면 어린 청소년들은 "아,

그러면 미국은 일본 다음에 우리를 강점한 제2의 침략자였구나."라는 편견을 갖기 마련이다.

소수의 잘 조직된 음모가들이 있고, 그들이 그럴듯하게 짜놓는 거짓의 각본이 있고, 그것을 널리 전달할 미디어와 포털이 있고, '떼촛불'이 민주주의의 희망이라고 부추기는 노회한 선동가가 있는 한, 그리고 이것을 받아먹을 만반의 준비태세가 돼있는 중우(衆愚)가 있는 한, 큰 거짓말이 판치는 광장의 폭란은 언제라도 일어날 수 있다.

이런 '음모가+선동가+중우(衆愚)'의 합작품이 다름 아닌 파시즘 체제, 스탈린 체제, 그리고 김일성 김정일 김정은 체제다. 이 큰 거짓말 수법을 남한의 선동 세력도 그대로 써먹고 있다. 모략, 중상, 허위, 조작, 뜬소문, 인격살인, 분노의 표적 만들기 등 열린사회의 또하나의 적(敵), 큰 거짓말의 전성시대다.

메시아 콤플렉스

자신이 인류를 구원할 구세주라고 착각하는 사람들이 간혹 있다. 또 특정한 사람을 메시아라고 믿으면서 그를 열광적으로 추종하는 사람들도 있다. 이것이 메시아 콤플렉스다. 종교 지도자들의 경우는 논외로 한다. 여기서는, 종교인도 아니면서 유사종교 교주 뺨치게 교주 행세를 하는 세속적 '거짓 메시아'에 대해서만 이야기하기로 한다.

거짓 메시아와 그 추종자들은 지금이 '위기' '말세' '종말'이라고 설정하고 거기서 인류와 민족과 계급을 구원할 사람은 오직 한 사람밖에 없다고 주장한다. 그 '오직 한 사람'은 특출한 영도력과 초자연적인 능력을 가진 위인이자 초인(超人)으로 행세한다.

그와 그의 추종자들은 선민의식, 도덕적 우월감에 사로잡혀 자신들은 선택받은 사람들이고 외부인(人)들은 흑싸리 쭉정이라고 낮춰 본다. 그들 중에는 '예루살렘 증후군'이라는 일종의 정신병리 현상을 보이는 부류도 있다. 성지(聖地) 예루살렘을 방문한 관광객들 가운데는 여러 가지 이상한 몽환증세를 일으키는 부류가 있다고 한다. 마치 자신은 하늘나라에 갔다 온 것처럼, 흥분증세와 '횡설수설 증세'를 보인다는 것이다.

1980년대 중반 이후에 나온 NL 주사파 현상이 바로 메시아 콤플렉스의 한 사례라 할 수 있다. 그들은 대한민국이 역사의 종말에 이르렀다고 믿는다. 그들은 그 종말에서 민족, 민중을 구원할 유일한 메시아가 김일성 김정일 김정은 3대 세습왕조라고 믿는다.

그들은 자기들만이 '진리, 정의'이고 그들에 반대하는 사람들을

'친일파, 매국노, 반민족, 반통일'이라고 낙인 한다. 그들 중 일부는 '주체혁명의 수도 평양'을 예루살렘이라고 믿으면서 만경대를 참배하고 "만경대 정신으로 통일하자."며 횡설수설한다.

어느 종북단체 간부를 연행하려 하자 그는 자기 아이들에게 "저 미국 앞잡이 얼굴을 똑똑히 봐두라."고 소리쳤다고 한다. 메시아의 특별한 부르심을 받았다는 확신이 없으면, 그래서 자신은 '선택받은 사람'이라는 맹신이 없으면 할 수 없는 짓거리다. 그는 자신이 마치 로마 군인에게 끌려가는 사도 바울이나 된 것 같은 기분이었을 것이다.

주민 300만 명을 굶겨죽이고 수십 개의 정치범 수용소를 운영하는 김일성 김정일, 김정은이 도대체 뭐라고 그렇게 물불 가리지 않고 추앙하냐고 묻겠지만, 사람이 일단 사이비 종교에 빠지면 대책이 없다. 대학을 나오고 석사 박사 학위를 받고 외국유학을 다녀와 강단(講壇)에 선 일부도 이런 유사종교 증상에서 과히 멀리 있지 않은 사례가 한 둘이 아니다.

유일한 대책이라면 그들의 꼬임에 놀아나기 쉬운 청소년들과 부동층을 그들의 영향권으로부터 분리시키는 것이다. 그러나 이것 역시 쉽지 않다. 도서출판, 대중문화, 선전선동 미디어를 그들이 장악하고 있기 때문이다. 메시아 콤플렉스에 빠진 그들과 함께 부대끼며 살아야 하는 나머지 사람들의 삶은 그래서 피곤할 수밖에 없다.

2부

청소년을 위한 한국 현대사 이야기

대한민국은 태어나선 안 될 나라, 대한민국 현대사는 정의가 패배하고 기회주의가 득세한 역사였다고 보는 사람들이 있다. 고등학생을 위한 역사교과서를 그런 시각에서 서술하는 사람들도 있다. 그러나 대한민국을 사랑하는 자유인들에겐 휴전선 이북이 아닌 그 이남, 대한민국에 태어난 것은 기적 같은 행운이었다. 반(反)대한민국 세력은 이런 대한민국을 온갖 거짓 선동으로 깎아내리려고 한다. 2부 '청소년을 위한 한국현대사 이야기'는 그들의 억지와 궤변을 청소년들과 직접 대면해서 반박하는 식으로 작성된 것이다. 대화는 따라서 존대말로 진행하기로 한다.

미국이 주적(主敵)?

불과 몇 해 전까지만 해도 평생을 공안검사직에서 헌신하신 변호사 한 분과 이야기 할 기회가 있었습니다. 그 분의 이야기입니다.

"사법시험에 합격한 검사 지망생들의 최종 면접을 맡은 적이 있습니다. 놀라운 것은 그들 거의 모두가 한반도 불행의 근원이 미국에 있다고 보는 것이었습니다. 그래서 왜 그렇게 보느냐고 물었더니, 애초에 왜 미군이 남의 나라에 불시에 들어왔느냐는 것이었습니다. 그래서 8.15 해방 직후에 미군이 들어오게 된 자초지종을 말해주었더니, 그런 이야기 처음 듣는다고 하더군요."

심지어는 육군사관학교 생도들 중에도 그렇게 생각하는 사람이 있다는 기사가 신문에 난 적이 있습니다. 청소년들 다수도 주적(主敵)이 미국이라고 보고 있다는 것은 이미 오래전 나온 이야기입니다. 그들은 1945년에 미국이 독립국 한반도에 마치 해적처럼 상륙했다고 생각합니다.

그러나 당시 미국은, 자기들은 2차 대전의 패전국인 '일본 영토'에 들어온 것이지, 독립국 한국을 강점한 것이 아니라고 생각했습니다. 그러면 미군이 왜 한반도를 포함한 당시의 일본영토를 점령했느냐고 묻겠지요. 대답은 자명합니다. 일본이 미국 하와이를 먼저 기습 공격했기 때문입니다. 그래서 2차 대전이 났고, 그 전쟁에서 미국이 이겼기 때문에 미국은 당연히 일본영토를 점령하게 된 것입니다.

이 말엔 또 이렇게 되물을 것입니다. 일본 본토만 점령하면 되었지, 왜 한반도 남쪽까지 점령했느냐고. 그러나 그건 우리 생각입니다. 그 당시 지구상에는 한반도인이라는 '민족'은 있었지만, 한국이라는 '국가'는 없었습니다. 국제적으로 인정받을 수 있는 단위는 국가이지, 민족이 아닙니다. 미국 등 세계 여러 나라들의 눈에는 그래서, 현해탄 양쪽의 열도(列島)와 반도(半島)에는 일본이라는 국가만 있는 것으로 보였습니다. 그래서 미국의 입장에서는 그 일본이라는 나라의 영토를 점령한 것뿐입니다. 왜 점령했느냐구요? 아, 전쟁이 끝나면 승전국이 패전국 영토를 점령해 전후(戰後) 처리를 하는 것 아닙니까?

질문은 또 이렇게 이어질 것입니다. 그러면 6.25 때 북한이 남쪽으로 쳐들어 왔을 때 미군 등 유엔군이 왜 굳이 들어와 막았느냐? 답은 두 개입니다.

첫째, 스탈린과 마오쩌둥이 김일성 배후에서 '세계 적화혁명'의 한 고리로 남침을 시종일관 지휘했기 때문입니다. 국제공산주의자들은 한반도에서 전쟁을 일으켜도 괜찮고, 세계 자유민주 진영은 그 침략에 대응하면 안 된다는 법이라도 있습니까? 유엔 안전보장이사회 표결 때 소련은 거부권을 행사할 수 있었습니다. 그러나 하늘이 도왔는지 소련이 불참해서 유엔군 참전 결의안이 통과되었습니다.

둘째, 그렇게 해서 미국 등 참전 16개국의 유엔군이 천만다행으로 들어온 덕택으로 오늘의 한국 젊은이들이 검사 지망생도 될 수 있고, 육사생도도 될 수 있고, 언젠가 서울대학 학생들이 축제 때 '원더 걸스'를 향해 환호성을 지를 수도 있게 된 것입니다. 이게 잘못됐습니까?

그러나 질문은 거기서도 끝나지 않을 것입니다. "미국의 신식민지에서 공무원 되고, 장교 되고, 재벌회사 간부 되는 것보다, 자주적 통일민족국가의 '인민'으로서 사는 것이 몇 배나 더 값어치 있는 삶이 아니겠는가?"고. 그러나 그렇게 해서 오늘날 꽃제비가 된 자기 아들딸을 장마당에서 단 돈 100원에 파는 신세가 되어도 계속 그런 "적화돼도 통일이면 좋다."는 식의 찬가(讚歌)를 부를 수 있겠는지요?

멀쩡한 일부 우리 젊은이들이 왜 이렇게 되었습니까? 바로 편향된 역사교과서, 편향된 미디어, 편향된 교사들의 황당한 주술(呪術)로 그들의 영혼이 최면당했기 때문입니다. 귀신들린 격으로 말입니다.

한반도 분단의 책임

'한반도 불행의 근원은 미국'이라는 말은 "한반도 분단의 책임은 미국에 있다."는 말로 연결되기도 합니다. 그렇다면 38도선은 어떻게 그어졌는지, 그 경위를 알아 봐야 합니다.

가만히 있던 스탈린은 2차 대전 막바지에 이르러서야 일본에 선전포고를 했습니다. 그리고 만주를 거쳐 한반도로 들어왔습니다. 소련이 그렇게 안 했다면 미군은 한반도 전체를 혼자 점령했을지도 모릅니다. 그래서 38도선 같은 것을 그을 필요가 없었을 것입니다.

그러나 소련군은 물밀듯 남하했습니다. 멀리 있던 미군으로서는 소련군이 부산까지 내려오도록 내버려 둘 수가 없었습니다. 그래서 즉석에서 부랴부랴 그은 것이 38도선이었고, 이 잠정적인 분할점령 아이디어에 소련이 오케이했습니다. 38도선은 미국만의 일방적인 작품이 아닌, 미·소의 완전한 합작품이었던 것입니다.

그렇다면 문제는 이 잠정적인 분할선이 어떻게 해서 분단고착 선으로 굳었느냐 하는 것입니다. 거짓말 잘하는 사람들은 그것이 '미제국주의'와 이승만의 남한 단독정권 수립 때문이었다고 말합니다. 그러나 사실은 정반대입니다. 단독정권은 북한에서 먼저 수립되었습니다.

대한민국이 수립되기 훨씬 전부터 북한에는 이미 '인민공화국'이라는 간판만 내걸지 않았을 뿐, 공산당 1당 독재와 프롤레타리아 계급혁명이 착착 진행되고 있었습니다. 스탈린이 지휘하고 소련 점령군 사령관이 집행하고 김일성이 수행한 적색 독재 혁명이었습니다.

공산주의 혁명이란 어떤 것입니까? 어느 한 쪽(공산당)이 다른 한 쪽(자유진영)을 완전히 타도해 없애 버리는 행위입니다. 우리네처럼 선거에서 져도 야당으로서 큰소리치며 사는 세상과는 근본적으로 다릅니다. 그렇다면 그 때 그 혁명이 '없애버리려고 한 사람들'은 어떻게 했어야 합니까? 그냥 앉은 자리에서 "네, 죽여주십시오, 죽어드리겠습니다."라고 했어야 합니까?

그렇게 해서 그들이 남과 북에서 모두 죽어 주었다면 아마 통일은 되었을 것입니다. 그러나 김일성 김정일 김정은 3대 세습독재 하에서 사는 통일이 과연 청소년 여러분들이 행복하게 살 만한 '좋은 통일'이겠습니까?

대한민국은 그렇게 해서 태어난 나라입니다. 공산당 1당 독재 하에서는 도저히 살 수 없다고 생각한 자유인들은 앉은 자리에서 그냥 죽어 줄 수는 없었습니다. 살 길을 찾아야만 했습니다. 그래서 우선은 가능한 지역에서나마 자유민주주의와 개인의 기본권과 시장경제의 터전을 마련할 수밖에 없었습니다. 그것이 1948년 8월 15일의 대한민국 건국이었습니다.

반쪽이라도 간신히 건져서 우리가 수용소 체제에 갇히지 않고, 세습 폭정에 시달리지 않고, 굶어죽는 사태를 면하고, 청소년 여러분들이 주린 배를 움켜쥔 채 매스게임에 동원되는 사태를 면하게 되었습니다. 이게 어디가 잘못되었습니까? 그 때 만약 이 반쪽이라도 챙기지 않았다면? 청소년 여러분의 상상에 맡깁니다.

대한민국 건국의 의미

대한민국은 '태어나선 안 될 나라'라고 말하는 사람들이 있습니다. 그렇다면 그 '잘못 태어난' 대한민국을 없애버리겠다고 하면서 북한에 '인민공화국'을 세운 사람들의 선택은 지금 과연 어떻게 귀착되었습니까?

'대한민국 70년' 만에 한국인들은 세계 11위의 경제적 성취를 이룩했습니다. 인권 수준, 민주주의 수준, 문명국 수준에서도 북한과는 비교가 되지 않습니다. 대한민국은 너무나 잘 세운 나라, 세우기를 너무나 잘한 나라라는 것이 만천하에 입증되었습니다.

대한민국 건국은 중국적 세계관, 주자학(朱子學)적 세계관, 변방적 (邊方的) 세계관, 전근대적 세계관에서 근대적 문명개화로 나아간 코페르니쿠스적 전환이었습니다. 정치적으로는 민주주의, 공화주의, 그리고 자유 평등 박애를 지향한 첫 발이었습니다. 그리고 '개인의 발견'이었습니다. '백성' '민족' '계급' 이외에 '개인'이라는 것을 발견한 것입니다.

또 하나는, 근대국민국가라는 것을 가지게 된 것입니다. '임금' '신하' '문중' '동인 서인' '종묘사직' 같은 것은 있었지만 근대적인 의미의 국가라는 개념은 없었습니다. 대한민국 건국을 계기로 우리는 근대국민국가라는 것을 역사상 처음으로 누리게 된 것입니다.

서구에서 근대국가는 절대왕정으로부터 출발했습니다. 근대국가란 절대군주가 지방의 봉건영주들을 평정해버린 세상입니다. 그래서 관료와 상비군으로 나라를 통일적으로 지배한 것이 절대왕정 시대였습니다. 이 절대왕정을 시민혁명으로 한꺼풀 더 벗긴 것이 근대국민국가입니다. 유럽에서 17~18세기에 출현한 근대국민국가가 한국에서는 1948년에 온 셈입니다.

경제적으로는 대한민국 건국은 산업혁명으로 나간 첫발입니다. 1940년대 말 이승만 대통령의 농지개혁, 1960~70년대 박정희 대통령의 산업화가 바로 그것입니다. 이승만 대통령의 농지개혁은 지주들의 힘을 빼고 농업자본을 산업자본으로 바꾸려 한 획기적인 조치였습니다. 오늘날 우리가 구가하는 산업화, 자유시장, 글로벌 경제를 지향한 확실한 첫 걸음이었습니다.

박정희 대통령의 산업화는 국가가 주도한 수출 주도적, 대외 지향적 고도성장의 세계적인 성공 스토리가 되었습니다. 그것은 훗날 교육받은 중산층의 두께를 넓히고, 그들이 주도하는 시민사회를 팽창하게 했습니다. 그리고 그 커진 시민사회가 민주화의 동력이 되었습니다.

사회적으로 대한민국 건국은 신분사회를 철폐한 평등화의 변혁이었습니다. 모든 국민이 평등한 법익(法益)의 주체가 되었습니다.

이승만 대통령이 그 때 공산당, 중간파, 미 국무성 유화파와 싸워가면서 대한민국 건국으로 그처럼 고집스레 나아가지 않았더라면 오늘의 우리가 과연 어떻게 되었을지 상상해 볼 만합니다.

김구, 여운형, 김규식 선생 등 당시의 남북협상파와 중간파 리더들은 물론 그 나름의 의미를 가진 분들입니다. 8.15 해방공간에서 김규식 박사와 여운형 씨는 중간 좌우파의 합작을 추진했습니다. 그러나 그들의 위상은 미소 냉전과 더불어 정치지형에서 사라질 수밖에 없었습니다. 김구 선생의 남북협상 참가 역시, 공산주의자들이 깔아놓은 멍석에 올라 고군분투한 바는 있지만, 결국은 도로(徒勞)에 그쳤습니다.

　결국, 당시의 한반도 민족주의자들은 미국, 소련의 압도적인 국제
정치 헤게모니를 뛰어넘을 수는 없었습니다. 반면에 이승만 박사는
그 헤게모니를 현실적으로 인정하고서 해양세력, 자유민주주의 진
영, 시장경제 진영에 선 것이고 김일성은 대륙세력, 공산주의 진영,
반(反)시장주의 진영에 선 것입니다.

　그 결과 이승만 박사의 선택은 성공했고, 김일성의 선택은 실패했
습니다. '성공'과 '실패'라는 것의 기준은 물론 '인간이 인간답게 살
수 있는' 정치, 경제, 사회, 문화 등 모든 부문의 문명적인 조건들을
말합니다.

6.25 남침전쟁

1950년 6월 25일 일요일 새벽, 김일성의 정규군이 탱크를 앞세우고
38도선 전역에 걸쳐 남쪽으로 쳐내려 왔습니다. 이 침략전쟁으로 그
시절을 겪었던 한국인 세대는 이루 형용할 수 없는 고통을 감내해야
했습니다. 그 전쟁이 얼마나 참혹했는지는 청소년 여러분에게 아무
리 절절하게 설명해도 그 100분의 1도 전할 수 없습니다. 다만 6.25

와 관련해 반드시 짚고 넘어가야 할 것 몇 가지 사항만 이야기하려 합니다.

첫째, 김일성 김정일 김정은과 남한의 종북, 친북, 연북(聯北) 좌파는 6.25에 관해 더 이상 말 바꿈을 하지 말라는 것입니다. 처음엔 그들은 6.25를 '북침'이라고 우겼습니다. 미국과 한국이 남침을 유도했다는 억지도 부렸습니다.

그러다가 소련이 붕괴한 후 크렘린의 기밀문서가 공개돼 6.25가 남침이었다는 사실과 진실이 꼼짝없이 입증되었습니다. 그렇게 되자 그들은 말을 은근슬쩍 바꿨습니다. "어느 쪽이 시작했느냐가 중요하지 않다." "과거를 따져서 무슨 소용이 있겠느냐?"

그러면서 그들은 스탈린, 마오쩌둥, 김일성의 남침이 동족에게 얼마나 끔찍한 비극을 가져다주었는지, 그 원죄(原罪)에 대해서는 말하지 않습니다. "미제의 폭격으로 북한이 잿더미가 됐다."는 것만 말합니다. 그게 싫었으면 애초에 쳐내려오지 말았어야 하는 거 아닙니까?

그들의 말은 근래에 와서 또 바뀌었습니다. "6.25는 통일전쟁이었다, 그러니 어쩔래?"라는 공공연한 천명이 그것입니다. "그래 맞다. 너희들 반동들 없애려고 쳐내려 왔다, 어쩔래?" 하는 식입니다. 이 뻔뻔스러움을 보면 금강산 관광객 아주머니가 조준사격을 당해 횡사한 사건을 어떻게 우연이라고 하겠습니까? 이에 대해서도 종북 좌파는 "잘잘못을 따질 일 아니다."라고 말합니다. 정말 따질 일이 아닙니까? 북측과 종북 좌파는 그런 억지, 왜곡, 거짓말, 뒤집어 씌우기, 말 바꾸기를 더 이상 해선 안 됩니다.

둘째, 6.25 남침은 전쟁범죄라는 점을 확실하게 인식하고 넘어가야 합니다. 6.25 남침은 처음부터 스탈린과 마오쩌뚱이 김일성과 긴밀하게 짜고 도발한 국제적인 전쟁이었습니다. 6.25 남침은 국내 반체제 그룹의 무장봉기와도 다릅니다. 6.25 남침은 정규군에 의한 전형적인 대규모 국제적인 침략 행위였습니다. 이러한 전쟁도발을 국제사회는 전범(戰犯)으로 규정하고 있습니다.

일부는 말합니다. 지금 남북 화해를 하자는 마당에 그걸 따져서 어떡하자는 것이냐? 그러나 남북 대화를 하는 것과, 역사적인 사실에 관해 정확한 서술을 하는 것은 별개의 문제입니다. 북측이 우리와 대화한다 해서 그들이 악의적인 대남 비방을 중단한 적이 있습니까?

6.25 전범 책임을 적당히 넘기기로 한다면, 일본에 대해서도 '미래의 한일관계'를 위해 그들의 한반도 침탈 행위를 사과할 것을 요구하지 말자는 것입니까? 다른 문제에서는 '과거사 정리'를 게거품 물고 떠드는 사람들이 유독 6.25 전쟁범죄 책임에 대해서는 '묻지 마.' 하자고 합니다. 웃기는 노릇 아닙니까?

셋째, 김정일 김정은 정권과 종북 좌파가 말하는 '반전 평화' 운운의 기만성을 꿰뚫어 보아야 합니다. 이 말은, 자기들은 '남조선 혁명'을 위해 전쟁, 테러, 게릴라 침투, 공작원 남파 등 무슨 짓을 해도 괜찮고, 이쪽은 그에 대응해서 한미동맹, 국방력 강화, 군사훈련, 치안확보 등 일체의 대내외 안보조치를 취해선 안 된다는 소리입니다. 이런 일방적인 억지가 인간세상에서 통할 수 있는 것입니까?

6.25 남침 후에도 북측은 1.21 청와대 기습, 아웅산 테러, KAL기 폭파, 서해도발, 관광객 총격 등 숱한 도발을 자행했습니다. 이에 대해 우리라고 무방비 상태로 있을 수만은 없습니다. 당연히 강력한 전쟁억지 태세를 갖춰야 합니다.

북측과 종북 좌파는 바로 이것을 못하게 하려고 이쪽 대중에게 '반전 평화'를 위해 싸우라고 선동합니다. 안보지향 정부, 안보지향 세력과 대중 사이에 쐐기를 박으려고 하는 것입니다. 자기들이 정말로 '반전 평화'를 원한다면 당초에 왜 탱크를 몰고 쳐들어 왔다는 것입니까?

넷째, 북측은 6.25 당시의 우리 국군포로와 전시 납북자들의 생사 안부를 확인해 주어야 합니다. 그리고 그들 중 생존자를 즉각 송환해야 합니다. 북측은 이들의 존재 자체를 부인하고 있습니다. 그러면서도 비전향 남파 공작원들은 북송하라고 요구합니다. 지난 좌파 정권들은 그들 상당수를, 납북자 송환 등 아무런 반대급부도 없이 무조건 되돌려 보냈습니다. '기브 앤드 테이크(give and take)'도, 협상의 원칙도 무시한 정권들이었습니다.

북쪽에 억류된 전시 납북자들과 국군포로들, 그리고 그 가족들은 반세기가 지나도록 '살아있는 유령'으로서 피 맺힌 삶을 살아 왔습니다. 그들 중 대부분은 지금 어디에 묻혔는지조차 알 길 없는 고혼(孤魂)으로 구천을 떠돌고 있습니다. 약 500여명으로 추산되는 국군포로 생존자들과 그 가족들은 어느 이름 모를 탄광에 갇혀 대를 이어 노예노동을 강제당하고 있다고 합니다. 우리는 이들을 절대로 잊을 수도 없고 잊어서도 안 됩니다. 역사를 잊는 국민은 명예를 잃는 국민입니다.

왜 한미 동맹인가?

대한민국 건국과 6.25 남침전쟁을 전후해서 미국은 우리와 가장 가까운 우방이자 동맹국이 되었습니다. 6.25 전쟁 때 미군 5만 명이 이 땅에서 숨졌습니다. 전쟁이 끝나갈 무렵 이승만 대통령은 미국이 썩

즐겨하지 않는데도 기어코 한미동맹을 성사시켰습니다. 일부는 이 것을 '대미종속'이라고 헐뜯습니다. 그러나 한미동맹이야말로 우리 의 안보이익과 국가이익을 위한 최선의 선택이었습니다.

미국은 한반도를 포함한 아시아 대륙을 중국, 러시아, 일본의 어느 한 나라가 좌지우지하는 사태를 극력 반대해 왔습니다. '문호개방' 원칙이라는 게 바로 그것입니다. 미국의 이런 정책은 중국, 일본 사이에 끼인 우리의 진로를 위해선 유리한 조건입니다.

우리는 그런 미국과 손을 잡음으로써 중화 패권주의와 일본 군국주의를 견제할 수 있습니다. 노무현 정권 당시 한미동맹이 퇴색하니까 중국, 일본은 대번에 우리를 넘보기 시작했습니다. 한미관계는 이렇듯 호혜적인 관계이지 수직적인 관계가 아닙니다.

덜 발전한 나라는 더 발전한 나라와 경제적으로, 전략적으로 협력을 해야 득을 볼 수 있습니다. 이런 관계를 끊는 것이 '자주'라고 하는 주장이 있지만 그것은 쇄국주의이자, 구시대적인 '저항민족주의' 입니다. 오늘날에는 국제협력을 그렇게 위험시하는 것 자체가 일종의 '대인 기피증', 바로 질병입니다.

국제시장은 우리가 진출해서 개척하고 경쟁하고 물건 팔아먹고 열심히 벌어먹을 생활현장입니다. 경쟁을 해보았자 우리가 먹힌다, 그보다는 문 걸어 잠근 채 우리끼리 밥이 되든 죽이 되든 홀로 사는

편이 낫다고 하는 것은 극단적 배외(排外)주의의 실패한 생존법입니다. 그렇게 나간 미얀마, 쿠바, 북한이 지금 어떻게 되었습니까?

한미관계에서 우리는 우리 국력이 늘어나는 만큼 '원조를 받는' 일방적 관계에서, 서로 돕는 '대등한 파트너'로 격상되었습니다. 한국이야말로 "후진국은 영원한 후진국으로 남는다."고 한 종속이론의 무덤이 되었습니다.

세계 최강국 미국을 우리는 잘 활용해야 합니다. 반미, 친미가 아닌 용미(用美)를 해야 합니다. 선진국 일본이 왜 미국과 짝짜꿍이 되려 하고, 중국의 덩샤오핑이 왜 "앞으로 30년 동안은 미국과 절대로 싸우지 말라."는 유훈을 남겼겠습니까? 김정일 김정은이 핵무기를 만들어 가면서까지 저토록 '벼랑 끝 작전'을 펴는 이유도 따지고 보면 미국더러 한국과 이혼하고 자기들하고 결혼해 달라는 '보채기'인 것입니다.

이제는 구시대적 저항민족주의로는 살 수 없습니다. 국경 안에 칩거하는 과거의 민족주의는 살 길이 아니라 죽는 길입니다. 국가와 국가 사이에는 물론 밀고 당기고 하는 이해관계의 충돌이 있을 수 있습니다. 미국에 대해서도 우리는 협상력을 높여서 우리의 이익을 최대한 확보하고 얻어내야 합니다. 그러나 이 승강이는 외교, 통상 능력으로 할 일이지 감정적, 이념적 반미로 할 일이 아닙니다. 우리

안의 반미는 김정은에게는 최대의 반사이익을, 우리에게는 최대의
국가이익 손실만 불러올 뿐입니다.

권위주의 산업화의 명암

이번엔 1960년의 4.19로부터 시작된 민주화, 그리고 1961년의 5.16
로부터 시작된 산업화 이야기를 할 차례입니다. 시간 순서상으로는
4.19 이야기를 먼저 해야 합니다. 그러나 설명의 필요상 5.16 이후
의 산업화 이야기를 먼저 하겠습니다.

　역사에는 공(功)과 과(過)가 있고 명(明)과 암(暗)이 있습니다. 진(秦)
시황제(始皇帝)는 말 안 듣는 선비들의 책을 불사르고 그들을 산 채로
땅에 파묻었습니다(焚書坑儒). 이것을 잘했다고 할 수는 없습니다. 그
러나 진시황은 중국 역사상 최초로 천하를 통일하고 강력한 중앙 집
권국가를 만들었다는 긍정적인 평가도 받습니다. 잘못한 건 잘못한
것대로, 잘한 건 잘한 것대로 나누어 보자는 것입니다.

　우리의 산업화에 대해서도 우선 공에 대해서 이야기합시다. 박정
희 대통령의 '국가주도 대외 지향적 고도성장 정책' 그리고 그것을
추진한 '권위주의 국가(authoritarian state)' '군사화 국가(militarized state)'는

한국을 단기간 내에 발전된 근대국가로 변혁(transform)시켰습니다.

정치학에서는 그런 강력한 국가(strong state)를 '국가의 상대적 자율성(relative autonomy of state)'이 높은 나라라고 부릅니다. 근대화, 산업화의 성공이야말로 한국의 권위주의가 중남미, 아프리카, 동남아시아 권위주의와 결정적으로 다른 점입니다.

중남미, 아프리카, 동남아시아 군사권위주의 정권들은 대지주, 지배적인 부족, 군벌, 대장원주(莊園主) 등 기득권자들의 정권이었습니다. 중남미 일부의 권위주의에는 아르헨티나의 페론 정권 같은 대중영합주의(populism), 즉 생산 없는 분배로 국고를 비운 정권도 있었습니다. 그러나 한국의 박정희 권위주의는 농업사회 한국, 문맹율 70%의 한국, 국민소득 80달러의 최빈국 한국을 세계 11위의 근대적 산업, 교역국가로 변모시켰습니다.

이 공은 박정희 권위주의에 반대한 사람들도 부인하려야 부인할 수 없습니다. 일부는 말합니다. "그때 누가 했어도 경제발전을 시켰을 것이다." "근로자와 국민이 이룩한 것이지, 박정희 혼자서 한 것이 아니다." "저(低)곡가, 저임금에 기초한 고도성장으로 부익부, 빈익빈만 심해졌다." "경제발전과 민주화를 동시에 했어야 한다." "경제는 나아졌는지 몰라도 개울에서 물장구치며 가재 잡는 낭만을 잃어 버렸다." "우리보다 방글라데시 국민의 행복지수가 더 높다." "종속적 식민지화의 길이었다." 운운하는데, 이야말로 손바닥으로 해를 가리는 짓입니다.

누가 했어도 경제발전을 이룩했을 것이라고? 당시 야당 정치인들은 산업화는 고사하고 고속도로 하나 뚫는 것에도 벌떡 드러누우며 결사반대를 했습니다. 그런 사람이 당시 대통령이었더라도 고속도로가 생겼을까요?

근로자가 다 한 것이지 박정희가 한 게 아니라고? 물론 근로자들이 피땀 흘려 경제발전에 기여했습니다. 그러나 박정희, 이병철, 정주영 같은 리더들의 탁월한 선택과 추진력을 빼고서 한국의 성공 스토리를 이야기할 수는 없습니다. 꿩 잡는 게 매라지만, 아무나 꿩을 잡습니까?

부익부 빈익빈? 당시 한국만큼 계층적 차이가 비교적 덜한 신흥개발국가는 별로 없었습니다. 필리핀, 중남미 나라들의 계층 차이가 어느 정도인지 아십니까? 한국은 그에 비하면 아주 양호한 편입니다.

저임금? 그 때는 몇몇 대기업 빼고는 기업들 자체가 영세한 수준이라, 고임금이었다면 중소기업들 다 망했을 것입니다. 저임금이라도 그것이 있었기 때문에 그 때의 누나들은 그것으로 고생고생하면서도 동생들 학비를 댈 수 있었습니다. 힘들지만 달리 어쩔 방도가 없던 그 시절이었습니다.

경제발전과 민주화 동시 병행? 그렇게 할 수만 있다면야 오죽이나 좋겠습니까? 그 당시 대학생들은 누구나 다 그렇게 하자고 외쳤던 사람들이었습니다. 그러나 그 때 지금 같은 강성노조, 광우병 대책위, '촛불' '유모차 부대' '쇠파이프'가 판치는 '민주화'가 있었더라면 산업화가 과연 될 수 있었을까요? 솔직하게 한 번 따져봅시다.

산업화보다 가난한 전통적 농촌 마을 개울에서 물장구치는 낭만이 더 아쉽다고? 우리보다 방글라데시 사람들이 더 행복하다고? 그렇다면 너나 그렇게 사세요. 방글라데시로 이민 가서 사세요. 일자리 없거들랑 한국에 불법취업자로 몰래 들어와 살아 보세요. 누가 말려...

산업화는 '종속의 심화'? 입은 삐뚤어졌어도 말은 바로 해야 합니다. 세계 최빈국에서 세계 11위 교역국으로 뛰어 오른 것이 과연 '종속의 심화'입니까, '종속의 탈피'입니까? 외국 유학 가서 박사학위했답시고 배워 온 게 고작 그 따위 헛소리입니까?

그렇다면 이제 그 산업화 시대의 어두운 면을 살펴보십시다. 그 시대의 과(過)는 그 시대의 공(功)의 뒷면입니다. 무엇을 급하게 서둘러 성취하자니 중앙정보부 같은 공포기관을 시켜 반대자들을 강하게 억눌렀던 것입니다.

계엄령, 위수령, 비상사태, 포고령, 영장 없는 체포 구금과 압수수색, 군사재판, 유신헌법, 긴급조치 1호 4호 9호, 언론 출판 표현 신체의 자유 유보, 강압 수사, 엉터리 재판, 가혹행위, 동일방직 여성 근로자에 똥물 퍼붓기, 신민당사에 농성중인 YH 여성 노조에 대한 폭력... 이래서 많은 '원한 맺힌 사람들'을 만들어 냈습니다.

특히 유신체제 하의 인권문제, 중화학 공업의 부담은 결과적으로 그 시대의 지지층이던 신중상층, 보수적 종교계, 부산 국제시장 상인, 미국 유럽의 여론까지 등 돌리게 만들었습니다. 유신정권은 국내외에서 사면초가에 직면했습니다. 이것이 정권 핵심부의 분열을 유발해 1979년 10월 26일의 '궁정동 자폭'으로 끝났던 것입니다. 그렇다면 전체적인 평가와 결론은 각자의 몫입니다.

"과가 있었지만 공이 더 크다." "공은 별로이고 과가 크다." "반반 중간으로 보겠다."로 의견이 갈릴 수 있습니다. 필자는 젊었을 때는 두 번째 의견이었다가, 오늘날 종북 좌파가 설쳐댈수록 첫 번째 의견으로 옮겨 앉았습니다. 김일성 김정일 김정은 수령독재냐 대한민국이냐, 좌파 포퓰리즘이 옳으냐 대한민국 성공 스토리가 옳았느냐를 비교할 때, 그렇게 바뀌지 않을 수 없었습니다.

박정희 방식은 물론 더 이상 통하지 않습니다. 이제는 '큰 국가, 작은 시장'에서 '작지만 효율적인 정부, 그리고 큰 시장'으로 전환해야 합니다. 복지 분야에 대한 투자도 늘어나야 합니다. 그러나 박정희 산업화의 빛은 그 그림자를 감안하더라도 세계적인 성공 사례였습니다.

민주화의 흐름

민주화는 산업화와 더불어 현대 한국정치사의 또 하나의 중요한 흐름입니다. 그러나 민주화만큼 엄밀한 정의(定義)를 요하는 것도 없습니다. 민주화의 이름으로, 민주화 아닌 것이 행세하는 경우도 있기 때문입니다. 민주주의 또는 민주화는 우선 전제(專制), 전체주의, 1당 독재, 1인 독재, 폭정, 개인의 기본권 압살, 무정부주의적 혼란, 폭민 정치, 중우정치와 양립할 수 없습니다.

바람직한 민주주의는 그래서 자유의 체제, 공화주의, 대의제 민주주의, 개인의 기본권 보장, 법에 의한 지배, 복수정당 체제(poliarchry, 정치학자 로버트 달의 용어), 즉 자유민주주의 헌정질서입니다. '진보'도 이 자유민주주의 헌정질서 테두리 안의 '진보' 즉 '전체주의적 좌(左) 가 아닌 민주적 좌파(democratic left)'라야 '올바른 진보'가 될 수 있습니다.

한국정치사에서 이런 의미의 민주주의를 최초로 규범화한 장전은 1948년 7월 17일에 제정된 대한민국 헌법이었습니다. 그러나 현실 권력정치에서는 이 권리장전에 위배되는 일이 곧잘 일어나곤 합니다. 1950년대 후반에 자유당 정권은 이승만 대통령의 장기집권을 위해 야당탄압, 3선 개헌 변칙처리, 3.15 부정선거를 자행했습니다. 지식인, 언론, 학생, 국민 사이에는 "이것은 대한민국 헌법정신에 위배되는 것 아니냐?" 그래서 "훼손된 대한민국 헌법정신을 원상회복시켜야 한다."는 저항의식이 팽배했습니다.

그렇게 해서 일어난 것이 4.19 혁명이었습니다. 4.19 혁명은 이처럼 대한민국 헌법을 타파하자는 혁명이 아니라, 그것을 제자리에 갖다 놓자는 혁명이었습니다. 이것이 한국 민주화 운동의 원류(源流류)이면서 또한 본류(本流)였습니다.

한국 민주화운동의 정통 주류는 이처럼 극좌적인 변혁운동이 아니라, 훼손된 대한민국의 자유민주주의 헌법질서를 본래의 모습으로 복원시키자는 것이었습니다. 1980년대 이후 민주화운동의 기장실(機長室)을 공중납치한 극좌 변혁운동 세력은 '민주화=좌익혁명'이라고 강변하고 있지만, 그건 그들의 자의적인 왜곡일 뿐입니다. 그렇다면 4.19 혁명이 난지 꼭 11개월 만에 일어난 5.16 쿠데타 이후의 민주화운동에 대해 돌아보기로 하겠습니다.

1961년 5월 16일 이후 권위주의 정권은 '중단 없는 산업화'를 우선시해서 정치의 비용을 극소화하고 행정의 효율을 극대화하는 방향으로 나아갔습니다. 억압의 비용이 관용의 비용보다 싸다는 취지였습니다. 이 과정에서 '박정희 산업화'에 반대하는 사람들, 산업화가 필요하다고는 생각하면서도 과도한 정치적 억압에는 반대하는 사람들이 민주화 또는 민주회복을 주창하게 되었습니다.

민주화가 먼저냐, 산업화가 먼저냐, 아니면 민주화-산업화 동시 병행이냐 하는 쟁점을 둘러싸고 격렬한 충돌이 일어났습니다. 대외 지향적 고도성장 정책을 놓고서도 그것이 대외종속과 부익부-빈익빈만을 심화시킬 것이라는 주장도 만만치 않았습니다. 이러한 저항은 유신헌법 선포 등 권위주의 억압이 심해질수록 더욱 치열하게 타올랐습니다.

산업화의 수혜계층인 신중산층이 "산업화와 고도성장이 민주화보다 더 시급하다."고 판단했을 때는 민주화 운동이 다수 국민의 지지를 받는 데까지는 이르지 못했습니다. 그러나 신중산층, 보수적 지식인과 종교인, 시장 상인들, 화이트칼라 층, 외국 여론까지 나서서 권위주의 정권의 억압이 지나치다고 판단했을 때는 민주화 운동이 상승세를 탔습니다.

대표적인 사례로는 1974년의 '민청학련' 사건, 1979년 부마(釜馬)

사태, 1987년의 박종철 군 고문치사 때 국내외 여론이 권위주의 정권의 지나친 탄압에 대해 압도적으로 불리하게 돌아갔던 것을 꼽을 수 있습니다. 이처럼, 권위주의 정권의 쇠퇴와 민주화 운동의 승리는 권위주의 정권의 무리와 지나침이 자초한 측면이 다분히 있었습니다.

그러나 민주화의 배경적 요인은 역시 산업화의 성공이 만들어낸 충분한 물질적 토대, 그 토대 위에서 팽창한 시민사회, 그 시민사회의 욕구를 더 이상 권위주의 방식으로 억누를 수 없게 된 사회경제적 변화였습니다. 권위주의 정권과 민주화 열망이 더는 상대방을 일방적으로 제압할 수 없는 상태에 왔을 때 '6. 29 민주화 선언'이라는 '명예혁명'이 있었던 것입니다.

여기서 한 가지 짚고 넘어가야 할 것이 있습니다. 1960~1987년의 민주화 운동 과정에는 대한민국 헌법정신에 부합할 수 없는 이질적인 계열들이 섞여 들었다는 점입니다. 바로 1980년대 중반 이후에 등장한 종북좌파(NL)와 레닌주의 그룹(PD)이 그들입니다. 이들은 민주화 물결에 편승해서 대한민국의 헌법질서 자체를 타파하려는 전체주의 혁명을 추구했습니다.

그들은 처음엔 대한민국 헌법정신에 부합하는 민주화운동 세력과 보수야당, 자유주의 야당, 중도야당에 침투해 그것을 자신들의 숙주(宿主), 교두보, 보호막으로 활용했습니다. 그러다가 좌파정권들이 들어섰을 때 그들은 입법부와 행정부 고위직에까지 올라갔습니다. 그리고 그 여세를 몰아 교육계, 문화계, 종교계, 미디어계 등 사회 모든 부문에 광범위한 기반을 깔아놓았습니다.

그들은 이제 더 이상 재야세력이 아니라 정치권력, 문화권력, 사회권력, 교육권력, 종교권력입니다. 이 교조적인 '앙시앙 레짐(구체제)'에 대한 '자유의 세력'과 '합리적 진보'의 저항이 이 시대의 새로운 '민주화운동'이어야 할 것입니다.

민족주의의 흐름

한국 근현대사의 또 하나의 주제는 민족주의입니다. 근대민족주의는 일제강점기를 전후한 시점에 생겨났습니다. 이 시대를 배경으로 한 항일 저항민족주의는 말만 들어도 가슴 벅찬 로망이었습니다.

식민주의라는 '작용'이 있었으니 저항민족주의라는 '반작용'이 당연히 있었을 것입니다. 민족주의는 그 후 여러 갈래로 분화됩니다. 공산주의자들은 민족주의를 아예 '부르주아 민족주의'라며 배척했습니다. 그들은 그 대신 '프롤레타리아 계급이 지도하는 반(反)제국주의 통일전선'이라는 말을 만들어 썼습니다. 그들은 민족주의 정서를 국제자본주의를 타도하고 공산주의 세계혁명을 이룩하기 위한 하위(下位)의 전술적 단위로만 간주했습니다.

비(非)공산계 민족주의의 경우는, 사회주의에 근접한 것(김원봉)에서부터 중도 우파적 민족주의(김구, 김규식 등)로 세분되었습니다.

또 다른 흐름의 민족주의 리더들(이승만 서재필, 안창호 등)은 조국의 미래상을 중국 등 아시아 대륙의 유교적 구체제에서 이탈시켜 서구적, 시장적, 해양적, 민주공화적 정치, 경제, 문화권에 접목시키려 했습니다.

8.15 직후부터 이 다양한 세력들은 충돌하기 시작했습니다. 대체로 우익, 중간파, 좌익 정도로 분류할 수 있을 것입니다. 좌익은 민전(民戰)이라는 통일전선체로, 우익은 이승만 박사의 독촉(獨促), 김구 선생의 한독당, 국내파인 한민당 정도로 나뉘어져 있었습니다. 중간파로는 김규식 박사의 민족자주연맹, 조소앙 선생의 사회민주주의 계열 등을 꼽을 수 있을 것입니다.

여운형 씨는 상당히 복잡한 리더였습니다. 그의 근민당은 '사회주의'임을 자임했습니다. 그러면서도 김규식 박사와 추진했던 좌우합작 때는 "부르주아 민주주의 정부를 지향한다."고 했습니다. 이 때 박헌영의 남노당은 그의 그런 절충적 '중간'을 비난하고 훼방했습니다.

대한민국 건국과 6.25전쟁을 전후해 중간파는 남북 양쪽에서 소멸했습니다. 김구 선생 계열도 대한민국 건국에 불참하고 남북협상에 참가한 후로는 중간파 비슷하게 소멸했습니다.

중간파와 한독당 등의 민족주의는 흔히 극우와 극좌를 다 같이 배척한다는 말들을 하곤 했습니다. 그러나 그들의 '중도'라는 것 역시 복수정당 제도를 허용하는 자유민주주의 체제에서나 가능한 것이지, 북한 같은 볼셰비키 1당 독재 하에서는 꿈도 꿀 수 없는 것입니다.

그들의 '중도'라는 것은 당시 국제정치와 국내정치의 냉전적 현실에 비추어 봐서도 동력을 받기가 어려웠습니다. 결국 한반도는 "대한민국의 자유민주주의 시장경제 체제냐, 북쪽의 수령 절대주의 체제냐?"로 첨예하게 갈라졌습니다. 여기서 '이것도 저것도 아닌 것'이란 한낱 환상에 불과하게 되었습니다.

그러다가 4.19혁명 이후 6.3한일회담 반대운동을 기점으로 학생운동 지평에는 민족주의적 열풍이 다시 일기 시작했습니다. 박정희 식 한일회담과 그의 대외 지향적 고도성장 정책을 '굴욕 외교' '대외 종속'이라고 간주한 것입니다.

이러한 동향은 한일외교에서 정부의 '졸속'을 견제하고 우리의 대일 협상력을 높여준 점도 물론 있습니다. 그러나 그 당시 학생들의

'진보성향 민족주의'는 오늘의 시점에서 볼 때 반드시 적중(的中)한 것은 아니었습니다. 지구화된 시장경제에 참여하는 것을 '대외의존'이라고 배척하는 것은 옳지 않다는 게 너무나 명백하게 입증되었기 때문입니다.

국제정치의 한 축(軸)을 이루었던 '제3세계론'과 '비동맹 노선'도 이제는 소멸하고 없습니다. 이럼에도 1980년대 학생운동에는 '종속이론'이라는 '좌파적 민족주의' 흐름이 급속도로 번졌습니다. 그리고 이승만 박사의 건국노선을 배척하고 중간파의 남북협상론을 더 높게 치는 『해방전후사의 인식(해전사)』이 대학가 서점을 휩쓸었습니다. 그리고 그 연장선상에서 중간파를 뛰어넘는 극좌적, 종북적 '민족해방 민중민주주의 변혁' 담론이 운동의 사령탑을 장악하는 데까지 갔습니다.

그러나 그런 '종속이론적' 담론들은 한국 경제의 눈부신 발전이라는 객관적 현실에 의해 완벽하게 깨져나갔습니다. 남은 것은 다만 '그래도 다시 한 번' 식의 완강한 '고집' 밖엔 없습니다. 이 '고집'은 일종의 사이비 종교 수준으로 전락했습니다.

오늘의 21세기 현실에서는 배외(排外)적 민족주의, 폐쇄적 민족주의, 쇄국주의, 반(反)개방, 반(反)서구, 문화적 국수주의, 인종적 순혈주의 등은 지구화 시대의 민족번영 전략에 맞지 않는 구닥다리로 확인되고 있습니다.

그러나 IMF 체제 이후 중산층이 몰락하면서 우리 사회 일각에는 또 다시 반미(反美), 반(反)세계화, 한미FTA 반대, 반(反)국제시장, 반(反)개방의 풍조가 때로는 만만찮은 '반란'을 일으키곤 합니다.

종북좌파는 이런 분위기를 교묘하게 이용하고, 촉발하고, 선동하고 있습니다. 남한은 반(反)민족적, 북한은 '민족자주'라는 식으로 말입니다. 좌파 교과서, 좌파 교육운동가, 좌파 매체들이 그것을 부채질 합니다.

그러나 김정일 김정은의 쇄국적 '민족' 운운은 '민족자주'가 아니라 '민족 죽이기'입니다. 민족을 먹여 살리고 민족 구성원 개개인의 행복추구권을 보장할 유일한 체제는 한반도에서는 대한민국 체제밖엔 없습니다.

민족주의는 '21세기 민족이익 전략'이라고 새롭게 정의(定義)돼야 합니다. 그런 업데이트 된 '민족 번영전략'은 국제사회와 지구시민사회(global civil society)에 정부와 민간이 적극 참여하는 '애국적 세계주의'라야 합니다.

친일청산 문제

일부 운동 그룹은 그야말로 '운동 삼아' 친일청산을 외치고 있습니다. 그 말 자체에 대해서야 누가 뭐라고 시비하겠습니까? 그러나 그 말이 그 어떤 정치적 프레임(frame)으로 악용되는 것은 옳지 않습니다.

8.15 해방공간에서도 그랬지만, 요즘도 일부 계열은 이념적 적대자들을 '친일파'라는 프레임으로 묶어버리려 합니다. 자기들의 이른바 '민주 민족 민중'에 반대하면 불문곡직 '친일파' '반민족' '이완용'이라는 것입니다. 8.15 직후에도 그들의 '선배'들은 '좌파 통일전선'에 반대하는 사람들을 불문곡직 '친일파'로 몰아세웠습니다.

'친일'이란 말부터 올바르게 사용해야 합니다. 누가 봐도 변명의 여지가 없는 고약한 친일 사례가 없을 리 없습니다. 그러나 모든 사람이 다 한용운 선생이나 김구 선생처럼 살 수는 없습니다. 망명을 하고 독립운동을 한 혁명가들은 위대합니다. 그러나 한반도에서 눌러 살면서 일제 체제에 별 수 없이 순응해 산 사람들, 일제 직장에 취직도 하고 전문직에도 종사하고 기업도 하고 사회 활동도 한 사람들은 '마지못해(reluctantly)' 그렇게 산 사람들임을 헤아려야 합니다.

'마지못해' 순응해 산 인생, '죽지 못해 순응해 산 인생'이 어디 일제 때만 있었겠습니까? 몽골족의 원(元) 나라가 찍어 눌렀을 때 고려 사람들이 그렇게들 살았을 것입니다. 조선왕조 때도 '죽지 못해' 만주족에 무릎을 꿇었을 것입니다. 우리 역사의 보다 많은 부분이 어쩌면 '마지못해' 산 세월이었을지도 모릅니다. 그런 삶의 방식이 좋았다는 게 아닙니다. 오죽하면 그렇게 살았겠느냐는 것입니다.

지금의 세대는 중국, 일본에 눌리려 해도 눌릴 수 없는 시절에 태어난 '우연한 행운아'들일 뿐입니다. 그것은 확률의 문제일 뿐, 그들이 특별히 잘나서 그렇게 된 게 아닙니다. 이런데도 "나는 태어나서 지금까지 부일(附日) 경력이 전혀 없다. 그러니 친일한 세대를 마음껏 욕할 수 있다."고 말한다면, 그건 얌체 아닐까요?

김일성이 친일파를 청산했다는 속설도 제대로 알아봐야 합니다. 김일성은 자신의 영구 수령독재를 위해 조만식 선생 같은 민족주의자, 박헌영 같은 남쪽출신 공산주의자, 현준혁 같은 북한의 국내파 공산주의자까지 모조리 다 죽여버렸습니다. 북한에는 따라서 '친일파 숙청'이 있었던 것이 아니라, 김일성 직계 이외의 모든 유파(類派)에 대한 총체적 살육이 있었던 것입니다. 그런데 김일성의 동생 김영주는 부일경력이 있는데도 단순히 김일성의 동생이라는 이유만으로 높은 자리에 있었습니다.

종북좌파는 대한민국을 친일파의 정권이라고 악담합니다. 그러나 일제 때의 기술관료들과 전문직들을 국가운영의 도구로 갖다 쓴 것이지, 그들에게 정권을 통째 맡긴 것이 아니었습니다. 개중에는 책임 있는 자리에 앉은 사람도 더러 있긴 있었습니다. 그러나 그것도 초기의 행정적 '필요악'으로 사용한 것이라, 해방 70년이 지나면서 모두 다 스러졌습니다.

우리 현대사의 격렬한 정치적 진통들은 그런 초창기적 '필요악'에 대해 비싼 대가를 지불한 것이었다고 치면 될 것입니다. 대한민국의 성공사례는 그래서 이제는 갚아야 할 빚을 다 갚았습니다. 우리는 더 이상 자책하고 자학할 이유가 없습니다. 당연히 자책해야 함에도 자책하지 않는 쪽은 오히려 3대 세습 '요덕수용소장' 김일성 김정일 김정은 쪽입니다.

친일을 포함한 사료(史料)는 물론 있는 그대로 발굴하고 기술해야 합니다. 그러나 그것은 객관적인 연구자에 맡길 일입니다. '백년전쟁'이라 해가지고 대한민국 건국대통령과 산업화 대통령을 헐뜯기 위해 '친일' 프레임을 갖다 쓰는 '역사운동가'들의 손에 역사서술을 마냥 방치해 둘 수만은 없습니다.

민중주의의 덫

1970년대 이래의 민주화 운동에는 '민중'이라는 말이 등장했습니다. 사회과학적인 '진보운동가' 뿐 아니라 일부 종교인들도 그런 말을 즐겨 썼습니다. '민중'은 마르크스주의가 말하는 '노동계급'만을 지칭하는 것이 아니라 정치권력, 경제권력, 사회-문화 권력의 주변부에 있는 소외된 사람들 모두를 말하는 것이라고 합니다. 소외되고 낙오된 사람들에 대해 애정을 갖자는 것 자체야 좌파만의 전매특허라 할 수는 없습니다.

우간다의 이디 아민이나 아이티의 파파 독(Papa doc) 같은 '악마'가 아닌 다음에야, 보수정권들도 정권 유지를 위해서는 소외된 사람들에 대한 일정한 정책적 배려를 하지 않을 수가 없습니다. 이래서 '민중주의자'들만이 '민중'의 삶의 개선을 위해 노력하는 게 아닙니다. '민중주의'는 오히려 '민중'의 삶을 더 고달프게 만든 정치경제적, 사화문화적 폐해를 불러왔습니다.

중국 마오쩌둥의 홍위병 민중주의, 아르헨티나 페론의 조합주의(corporatism)적 민중주의, 그리고 이런 것들의 숱한 아류(亞流)들이 국민경제를, 그래서 '민중의 경제'를 어떻게 바닥나게 만들었는지는 굳이 긴 설명이 필요치 않습니다.

그들은 왜 그렇게 실패했을까요? 여기에 민중주의의 덫이 있습니다. 민중주의는 생산력의 발전을 도외시했습니다. 과학기술, 전문성(專, expertise), 개인의 창의성, 경영합리성을 배척하고 사상성(紅, red), 집단주의, 무정부주의, 가난의 평등, 있는 것 까먹기, 생산 없는 분배로 나갔기 때문에 경제를 망칠 수밖에 없었습니다.

민중주의는 또한 우수한 엘리트의 리더십 역할을 배척했습니다. 선진 자유민주주의 국가도 그렇지만, 과거의 소비에트 러시아나 후진타오, 시진핑의 중국도 정선(精選)된 엘리트가 이끄는 나라입니다. 그러나 홍위병 민중주의는 베이징 대학, 칭화 대학의 지식 엘리트들을 농촌으로 하방(下放)하고 그 대신 노동자, 농민, 병사들을 불러다 강단과 교실을 채웠습니다.

노무현 정권의 엘리트 혐오는 그런 민중주의적 정서의 아류였던 셈입니다. 교육계의 민중운동권은 대학까지 평준화하자고 합니다. 민중주의는 법에 의한 지배, 간부의 역할, 관료제에 대해서도 적대적입니다. 이런 것들 대신 민중 직접행동, 인민공사, 코뮌(commune)주의, 집단광기. 군중폭력으로 국가기능을 마비시키곤 합니다. '촛불' 난동 때도 일부 과격파는 '민중권력' '직접민주주의'를 외쳤습니다. 당시의 대통령도 "아테네의 직접민주주의 이래... 어쩌고." 하며 이를 부추겼습니다.

1980년대 중반 이후의 민중주의는 종북좌파의 '민족해방 민중민주주의 혁명'으로 표출되었습니다. 이들이 말하는 '민중'은 '자본주의, 제국주의의 식민지 수탈'을 전제로 하는 말입니다. 시장경제를 그렇게 '수탈' 일변도로만 바라보는 것 자체가 잘못된 것입니다. "주변부는 언제나 주변부로 남는다."고 한 '종속이론'과 '세계체제론(World System theory)'은 한국의 성공 스토리가 반증했듯이, 보편적인 적실성이 없습니다.

종속이론가 카르도소(Fernando Henrique Cardoso)가 브라질 대통령이 되었을 때 그는 예상을 뒤엎고 '국영기업 민영화'로 나갔습니다. 사회주의 경제 아닌 자유시장 경제로 전환한 것입니다. 이보다 더 큰 전환은 중국대륙에서 일어났습니다. 중국은 더 이상 공산주의 경제가 아니라 국가가 주도하는, 그리고 공산당이 주도하는 자본주의 경제입니다. 그렇다면 덩샤오핑, 후진타오, 시진핑이 실성을 해서 그런 전환을 하였겠습니까?

지구적인 시장경제 체제에서는 치이는 사람들이 물론 있습니다. 이들을 위해 각별한 대책을 마련해야 합니다. 그러나 시장과 세계가 그 나름의 문제를 일으킨다 해서 그것을 아예 없애버리자는 발상은 '더 나쁜 대안'이지 '더 좋은 대안'이 아닙니다. 세상살이의 지혜는 그래서 '더 좋은 것'을 골라잡는 것이라기보다는 '더 나쁜 것'을 고르지 않는 것이라고도 할 수 있습니다.

평등에 대한 이해

젊은 사람일수록 평등이란 말 앞에서는 꼼짝 못하는 경향이 있습니다. 그 만큼 평등은 호소력이 큰 말입니다. 그러나 막상 평등이란 무엇이냐고 물으면 대답이 분명치 않습니다. 죠반니 사르토리(Giovanni Sartorri)라는 정치학자는 '평등의 정도'에 관해 꽤 상세하게 분석하고 있습니다.

(가)... 모든 사람들에게 똑같은 법률적, 정치적 권리를 부여하는 평등.

(나)... (가)에 더해서 모든 사람이 신분의 차이 때문에 불이익을 받지 않게 하는 평등, 즉 똑같은 사회적 중요성을 부여하는 평등.

(가)와 (나)는 서양의 경우엔 18세기 유럽 시민혁명과 미국 독립혁명으로 구현되었습니다. 한국의 경우는 1948년 7월 17일의 대한민국 헌법 반포로 구현되었습니다. 유럽, 미국, 한국 등에서 이만한 정도의 평등이 실현되기까지는 오랜 기간의 싸움, 희생, 우여곡절이

있었습니다.

예컨대 여성에게도 선거권을 부여하고, 재산의 많고 적음에 따라 선거권을 차별하던 것을 철폐하고, 흑인에게도 투표할 권리를 부여한 것은 그렇게 오래전 일이 아닙니다. 이어서 (가)와 (나)를 넘어 '평등'의 정도'는 계속 신장됩니다.

(다)... (가)와 (나)에 더해서 모든 사람들에게 똑같은 '출발의 기회'를 부여하는 평등. 바로 '기회의 평등'입니다. (다)의 평등은 (가) (나)의 연장선상에서 자연스럽게 제기될 수 있는 평등론입니다.

우리의 경우도 (가) (나) (다)는 일직선상에서 추구되고 점진적으로 구현되었습니다. 그러나 평등 이야기는 여기서 끝나지 않습니다.

(라)... (가) (나) (다)에 더해서 모든 사람들에게 똑같은 '초보적 물질조건'을 부여하는 평등. 바로 복지국가 또는 사회보장제도입니다.

(라)의 평등은 서유럽, 북유럽, 미국 등에서 상당한 정도로 구현된 바 있습니다. 그러나 복지국가는 그 나름의 부작용이 일으켰습니다. 고세율(高稅率), 고복지(高福祉)의 역기능이 그것입니다.

세금을 너무 많이 거두고, 기업이 부진해지고, 성장이 둔화되고, 정부기구와 공무원 규모가 가 너무 커지고, 세입보다 세출이 더 커져서 재정적자가 누적되고, 재주가 많아서 돈을 많이 버는 사람들이 세금을 적게 거두는 다른 나라로 '세금망명'을 하고, 일하지 않으면서 세금 빼먹고 살려는 사람들이 늘어나고, 경쟁에 따른 개인의 창의력이 부진해지고....

이래서 스칸디나비아 복지국가들, 서유럽, 미국의 복지정책은 로널드 레이건 미국 대통령과 마가렛 대처 영국 수상 대에 이르러 다시 신자유주의 정책과 '비즈니스 프렌들리'로 바뀌었습니다.

성장이냐 분배냐의 두 상반된 기조(基調)는 그래서 민주국가에서는 선거 결과에 따라 엎치락뒤치락 합니다. 빈부격차가 심해지면 '분배' 쪽이 집권하고, 그러다 기업이 부진해지면 '성장' 쪽이 집권합니다. 임무교대인 셈이지요. 피를 흘림이 없이 나라의 큰 정책이 바뀌는 것입니다. 그러나 다음의 (마)의 경우는 유혈혁명을 동반하는 위험한 사태입니다.

(마)... 자유를 아예 없애고 오로지 평등만을 실현하기 위해, 정부 이외에는 그 누구에게도 경제적 권한을 부여하지 않는 평등. 바로 공산주의 국가입니다.

공산주의는 그러나 빵도 자유도, 인권도, 그리고 심지어는 평등도 구현하지 못한 채 실험 80년 만에 거덜 났습니다.

획일주의, 명령경제, 관료주의, 비효율성, 당(黨) 관료의 특권화, 이윤동기 억압, 인간본성의 억제가 빚은 세기의 대재난이었습니다. 평등 추구는 따라서 자유, 자율, 다양성, 개인의 창의성과 양립하는 평등이라야 합니다.

평등 추구는 또한 모든 사람을 똑같게 만든다거나, 골고루 가난하게 만든다거나, 하향평준화를 한다거나, '1류'를 없앤다거나, 잘난놈 혼내준다거나, 어느 대통령이 어린 시절에 그랬듯이 남의 좋은 책가방을 보면 샘이 나서 칼로 북 그어버린다거나, 수월(秀越) 교육을 '미친 교육'이라 해서 없애버린다거나, 곳간 털어 갈라 먹자는 식이거나 하는 식이 되어서는 안 됩니다.

민주국가에선 성장 위주냐 분배 위주냐, 시장 위주냐 국가개입이냐 하는 것은 그때그때의 시대적 필요에 따라 자유선거와 정권교체를 통해 순리적으로 조정되고 있습니다.

통일에 대한 이해

전체주의 1인 수령 독재와 자유민주주의 체제를 하루아침에 하나로 합치자는 것은 물과 기름을 섞자는 것만큼이나 모순된 말입니다. 그래서 남과 북은 "통일을 지향하되, 그 이전에 우선 동질성을 회복하기 위해 신뢰회복, 상호불가침, 교류협력, 평화정착단계부터 차근차근 거치자."는 데에 합의한 바 있습니다. 이게 노태우 대통령 당시의 '남북기본합의서' 였습니다.

그러나 북측은 서명의 잉크도 채 마르기도 전에 그것을 무효화했습니다. 막상 합의해 놓고 보니 그게 '남조선 혁명'에는 별 도움이 안 된다고 본 것이지요. 그 후 김대중 대통령과 김정일은 6.15 선언이라는 것을 발표 했습니다. '낮은 단계의 연방제'를 추구할 근거를 만든 것입니다.

6.15 선언이 발표되면서부터 '묻지도 따지지도 말라.'는 대북지원이 시작되었습니다. 그러나 금강산 관광을 통한 알토란같은 현금 제공과, 김정일 비자금 금고로 보내준 5억 달러 이상의 뇌물에도 불구하고 북으로부터는 아무런 정책변화도 얻어내지 못했습니다.

북한은 거기서 한 술 더 떠서 주한미군 철수, 한미동맹 해체, 보수우익을 따돌릴 '진보대연합'을 선동했습니다. 그 연장선상에서 자기들의 '고려연방제' 통일로 가자는 것이었지요. 그래서 우리는 물어야 합니다. 통일이면 무조건 다 좋은 것이냐고. 남한이 북한처럼 되는 통일도 좋은 통일입니까? 자유, 인권, 대의제 민주주의, 다당제 민주주의, 대외개방, 시장경제, 법에 의한 지배가 없는 통일 하에서 우리 청소년들이 과연 행복을 추구할 수 있을까요? 없습니다.

통일도 중요하지만, 어떤 통일인가가 더 중요합니다. 우리가 추구해야 할 통일은 '나쁜 통일'이 아닌 '좋은 통일'이어야 합니다. '좋은 통일'의 연착륙 시나리오는 이렇습니다.

(1) 북한 핵 폐기, 신뢰구축, 상호불가침, 교류협력 (2) 북한의 개혁과 개방, 시장경제 도입, 주민생활 향상, 행복 추구권 등, 북한주민의 기본적 인권 개선 (3) 공존교류 확대 (4) 남북의 동질성 회복 (5) 단계적 통일 추구

그러나 김정은은 이런 시나리오를 자기들 김 씨 왕조의 무덤이라고 볼 것입니다. 그래서 북에서는 (1) (2) (3) (4) (5)의 가능성 자체가 아예 봉쇄되고 있습니다. 그렇다면 우리는 또 다른 가설을 세워볼 수 있습니다. 이것은 연착륙이 아닌 경착륙(crash landing) 시나리오입니다.

(1) 김정은의 와병(臥病) 등 북한 급변사태 (2) 정권변동(regime

change, regime transformation) 또는 (3) 북한 리더십의 혼란과 권력투쟁 (4) 중국의 개입 (5) 주변국들의 개입 (6) 국제사회가 동의하고 수긍하는 한반도 신질서 구축이 바로 그것입니다. 통일이 과연 연착륙이 될지 경착륙이 될지는 아무도 예단할 수 없습니다. 다만 있을 수 있는 모든 사태에 만반의 준비태세를 갖추고 있어야 합니다.

여기서 한 가지 특별히 강조하고 넘어갈 것이 있습니다. 통일조국의 미래상과 관련한 우리의 '양보할 수 없는' 마지노선이 그것입니다. 바로 통일은 자유, 민주, 인권, 시장, 개방의 통일이어야 한다는 대원칙입니다. 이것을 북한과 종북세력은 남한에 의한 흡수통일이라고 하겠지요. 그렇다면 자기들은 왜 남한 보수우익 타도를 전제로 한 '고려연방제' 통일, 즉 북한에 의한 흡수통일을 추구한다는 것입니까? 후자는 전체주의 독재의 길, 전자는 자유와 번영의 길입니다. 한반도인들이 어느 것을 택해야 하겠습니까?

또 하나 분명하게 따지고 넘어갈 것이 있습니다. 일부 세력은 자기들 식 '햇볕'을 비판하는 것을 불문곡직 "전쟁하자는 거냐?"고 몰아 붙입니다. 그리고 북한 인권에 대해선 침묵으로 일관합니다. 북한이 서해교전을 도발했을 때도, 금강산에서 관광객을 조준사살했을 때도, 김정일이 핵실험을 했을 때도, 북의 어뢰가 천안함을 폭침했을 때도, 그리고 북쪽의 정치범 수용소에 대해서도 그들은 단 한

마디도 하지 않거나 딴소리를 해댔습니다.

이게 과연 올바른 자세입니까? '북을 자극할까봐' '그래서 전쟁 날까 두려워' 당연히 해야 할 말도 하지 않거나 못하는 것, 그래서 도발자의 비위나 맞추고 눈치나 보며 사는 게 과연 한 나라의 지도층이할 짓입니까? 전쟁은 강력한 억지력에 의해서만 막을 수 있습니다.비굴하고 유약한 자세로는 막을 수 없습니다.

통일을 포함한 한반도 문제의 핵심은 무엇입니까? 김일성 김정일김정은의 폭정의 문제입니다. 북한 주민의 굶주림의 문제입니다. 북한주민의 인권참상의 문제입니다. 북한이라는 체제의 비정상성의문제입니다. 한반도 문제의 핵심은 그래서 북한을 정상성의 최소한의 눈금에 맞게끔 바꾸는 것입니다.

누가 진짜 반(反)통일인가?

젊은이들과 대화할 때 가장 곤혹스러운 것이 하나 있습니다. 적잖은젊은이들이 대한민국 건국노선을 지키자고 하면 그것을 '반(反)통일'이라고 합니다. 그러면서 좌우합작 노선만이 '통일 노선'이라고 합니다. 사상적으로 딱히 좌파가 아닌 데도 그렇게 생각하는 사람들이 있습니다. 왜 그럴까요? 좌우합작의 위험성을 잘 모르기 때문입니다. 그리고 그것을 잘 모르게 만드는 '민족주의에 대한 연민' 때문입니다.

좌우합작이란 무엇입니까? 공산주의자들이 주도권을 쥐는 통일전선을 의미합니다. 통일전선이란 중간파, 민족주의자, 좌파 사회주의자들이 무장을 해제하고 공산주의자들의 그물 안으로 들어가 결국은 죽어주는 것을 의미합니다. 2차 대전 직후 동유럽 각국에서 목격되었던 일입니다.

그들은 왜 죽음의 블랙홀로 들어갔을까요? 미국과 서유럽의 보수주의자, 자유주의자들이 주도하는 세계질서에 대한 거부감, 전체주의적 좌익(공산주의)의 위험성에 대한 인식부족 등이 그들을 그렇게 만들었습니다. 결과적으로 그들은 공산당 1당 독재로 가는 징검다리에서 한낱 장식품(window dressing)으로 실컷 이용만 당한 뒤 지구상에서 영원히 사라졌습니다.

통일전선 전술은 소련, 동유럽이 붕괴한지 20~30년이 지난 오늘에 와서도 한반도에서는 아직도 '활화산'입니다. 젊은이들의 민족주의에 대한 연민, 그 연민을 한껏 부추기고 이용하는 좌파 역사교과서와 좌파 교사들의 세뇌교육, 그리고 좌파적인 대중매체와 대중연예물 탓입니다.

오늘의 좌파통일전선 역시 우리더러 대한민국의 무장을 해제하고서 '고려연방제'의 그물 안으로 들어오라고 꼬드깁니다. 한미동맹 해체, 보수우익을 제외한 '진보대연합론' 운운이 바로 그것입니다. 이 꼬드김 과정에서 북한과 종북 세력은 절대로 좌파라는 말을 내세우지 않습니다. 그들은 단지 '민족' '자주' '우리민족끼리'라는 말만 내세웁니다. 그리고 자기들의 좌파 통일전선에 반대하는 사람들을 '친일파' '매국노' '반통일' '반민족' '수구꼴통'으로 낙인합니다.

8.15 해방공간에서 이승만 박사가 하지 장군의 미군정과 미 국무부 유화파의 좌우합작 압력을 물리치고 대한민국 건국으로 치닫지 않았더라면, 한반도는 베트남보다도 훨씬 일찍 공산화 통일이 되었을 것입니다.

건국 후에도 대한민국은 6.25 남침 등 숱한 도전을 극복하면서 오늘의 성취를 이룩했습니다. 반면에 북한은 완전히 실패했습니다. 그렇다면 통일의 주체는 당연히 성공한 쪽, 대한민국이 돼야 하는 것 아니겠습니까? 이를 위해 우리는 좌파 통일전선에 맞서는 자유, 민주, 공화, 인권, 번영의 네트워크를 형성해야 합니다. 그것으로 김정은 세습폭정을 포위해야 합니다. 이게 자유통일로 가는 길목입니다.

보수 진보, 좌파 우파

보수 진보, 우파 좌파. 이제는 신물이 날 정도로 지겨운 논란입니다. 그렇다고 아직도 깨끗이 정리가 된 것도 아닙니다. 우선 분명히 해야 할 것은 세상에는 영원한 보수도 없고, 영원한 진보도 없다는 사실입니다. 제정 러시아를 예로 들 때, 그 체제를 유지하려던 세력은 보수이고 그것을 뒤집어 엎으려 한 세력은 진보였습니다.

그러나 그것을 뒤집어 엎은 혁명이 레닌, 스탈린, 브레즈네프의 1당 독재, 1인 독재, 전체주의 폭정으로 굳어지면서 그 때부터는 그들 공산주의 정권이 오히려 보수 또는 수구가 돼 버렸습니다. 그리고 그 압제에 저항한 사하로프 박사 같은 반체제(dissidents) 인사들이 '후기 전체주의(post totalitarian)' 시대의 진보를 대표하게 되었습니다. 그래서 그 '새로운 진보' 여망이 볼셰비키 보수권력을 대체한 것이 고르바초프 이후의 러시아였습니다.

우리의 경우도 운동권이 한 때 진보를 대표하는 것처럼 돼 있었습니다. 그러나 좌파정권 10년 사이 그들은 새로운 보수기득권이 돼버렸습니다. 이처럼 우파는 항상 보수, 좌파는 항상 진보라는 고정관념은 맞지 않는 것입니다.

좌든 우든, 일단 기득권 세력이 되어 비대해지고, 정체되고, 노후(老朽)해지고, 특권화 되고, 발전을 거역하면, 새로운 변화를 바라는 신(新) 진보의 타깃이 되는 것입니다. 오늘의 거대 강성노조를 보십시오. 그들은 왕년에는 저항하는 약자, 즉 진보였는지 모릅니다. 그러나 최근 그들도 무노동 유임금의 특권을 구가하면서 구직자들에게서 돈을 받아 챙겼습니다. 이게 진보입니까?

1990년대 말에 소련, 동구권이 붕괴한 이래 구(舊)좌파(old left), 또는 전체주의적 좌파는 지양(止揚) 돼야 할 앙시앙 레짐(ancient regime, 구체제)이 돼버렸습니다. 이제는 자유화, 자율화, 경쟁이 오히려 진보가 되었습니다. 영국 노동당도 근래엔 국가개입 정책을 버리고 자유시장 정책 쪽으로 넘어왔습니다. 한 때 잘 나가던 북유럽, 서유럽 사회민주주의도 경제정책에서는 '계획경제'에서 한결 '시장경제'로 넘어오고 있습니다. 공산당 1당 독재 국가인 중국도 경제만은 시장경제입니다.

이런 세계적인 추세에도 불구하고 지구상에는 그와 정반대로 가는, 몇 안 되는 예외가 있습니다. 그 중 하나가 북한과 남한의 종북세력입니다. 이들은 구좌파의 국가통제적, 획일주의적, 폐쇄적 수령체제를 아직도 '진보'라고 우깁니다. 김정은의 '수용소 군도(群島)'와 그것을 비호하는 남쪽의 종북세력이야말로 이 점에서 지구상 최고의 수구세력입니다.

보수 진보는 프랑스 혁명 이래 '민주주의의 양 날개' 역할을 해 왔습니다. 그러나 거기엔 대전제 하나가 붙어야 합니다. 보수도 진보도 의회민주주의라는 가치를 공유해야 한다는 것입니다. 그리고 그 가치를 구현한 '우리나라'에 대한 애정과 충성을 공유해야 한다는 것입니다.

한반도에서 의회민주주의를 견지하는 체제는 대한민국밖에 없습니다. 보수 진보가 양 날개 노릇을 할 수 있는 곳은 한반도에서는 대한민국밖에 없습니다. 수령독재와 유일사상 체제에서는 보수는 물론, 진보도 성립할 수 없습니다. 진정한 진보를 하고 싶은 사람들은 그래서 한국의 진보시장에 침투한 종북세력과 갈라서서 '대한민국의 진보'로 확고히 서야 합니다.

오늘의 세계적인 진보 추세는, 국가통제적인 우파와 국가통제적인 좌파를 넘어서서 '작지만 효율적인 정부, 그리고 큰 시장'을 지향합니다. 우리는 국가통제적 우파(권위주의)는 이미 넘어섰습니다. 그러나 국가통제적 좌파는 여전히 완강합니다. 선진화를 가로막는 국가통제적 좌파 또는 수구좌파를 극복하는 것이 우리 시대 최대의 '진보적' 과제인 이유입니다.

산업화 민주화 이후의 과제

우리는 세계역사상 유례를 보기 힘들 정도의 빠른 산업화에 성공했습니다. 그리고 곧 이어 민주화에도 성공했습니다. 위대한 나라요 국민입니다. 이제는 지난 세월을 되돌아보며 앞으로 우리가 할 과제가 무엇인지를 생각해야 할 시점입니다.

산업화의 빛이 산업화의 그림자를 만들었기에 민주화라는 반작용이 있었습니다. 산업화 과정에서 진 역사의 빚을 갚기 위해 민주화가 왔던 셈입니다. 그러나 '민주화 이후의 민주화' 역시 그 나름의 그림자를 만들어 냈습니다. 일탈 민주주의가 그것입니다.

법치주의 무시, 떼거지 행패와 '떼법'의 횡행, 대중영합주의(populism), 비대하고 비효율적인 정부, 국가정체성에 대한 도전, 자유시장주의와 기업에 대한 적대의식, 계층적 편 가르기 정치, 하향평준화 같은 것들이 그것입니다.

이를 극복하기 위해 이제부터 우리는 무엇을 해야 합니까? 정부, 공공부문을 슬림(slim)화 하고, 쓸데없는 정부지출을 없애야 합니다. 국민세금을 함부로 쓰는 것도 시정해야 합니다.

공권력을 우습게 여기고 법을 어기는 것이 마치 '민주'인양 행세하는 것을 더 이상 용납해선 안 됩니다. 특정집단이 다중의 위력으로 공공질서와 공권력의 권위에 도전하는 버릇도 뿌리 뽑아야 합니다. 대북정책의 초점을 김 씨 왕조 폭정 지원이 아닌, 북한주민의 행복추구권 지원에 맞춰야 합니다.

대한민국 성공 스토리에 대한 긍지를 심어주는 역사교육, 인문교양과 고급문화와 예(禮)를 숭상하는 교육, 탁월한 지도층과 장인(匠人)과 전문직, 그리고 글로벌 시대의 국제신사를 길러내는 교육, '한국 1류'를 넘어 '세계 1류' 교육을 제공해야 합니다.

기업을 옭아매는 과잉규제를 풀고, 초(超)1류 기업이 초1류 지식정보사회를 이끄는 기관차가 되게 해야 합니다. 노블레스 오블리제(nobles oblige)를 확립하고, 부정부패를 더욱 철저하게 추방해야 합니다. 소외된 사람들에 대한 배려, 생태환경 보호, 녹색 에너지, 지구온난화 대책을 세워야 합니다.

세계 수준의 문화행사가 항상 열리는 예술의 나라, 외국인이 오고 싶어 하는 나라, 깨끗한 나라, 품위 있는 국민, 문화관광 거리가 많은 나라, 은퇴한 실버 지식인들이 지역 문화유적을 지키고 그곳에 오는 관광객들을 안내해 주는 자원봉사자들의 나라가 돼야 합니다.

정당과 선거 풍토도 선진화시켜야 합니다. 국회의 효율적인 운영과 국회의원 개개인의 독립성을 존중해야 합니다. 검찰권 등 권력기관의 정치적 중립을 강화해야 합니다. 방송, 문화계를 장악한 이념적 편향을 씻어내야 합니다. 관료에게만 편리하게 되어 있는 각종 법규를 민간에게 편리한 법규로 바꿔야 합니다. 일례로, 세법(税法)은 완전히 세무 관료에게만 편리하게 짜여있습니다.

　중국, 일본의 패권투쟁 또는 그들만의 전략적 제휴가 판치는 국제환경 속에서 한국, 한국인, 그리고 한반도, 한반도인들의 최선의 생존전략과 발전전략은 과연 무엇인지를 다함께 고민해야 할 때입니다.

3부

대한민국이냐,
수용소 군도냐?

"이념싸움의 시대는 갔다."고 말하는 사람들이 있다. 그렇다면 왜 "천안함 폭침은 북한 소행이 아니다."라고 말하는 사람들이 있는가? 그들은 국제조사위원회의 과학적인 조사결과조차 믿지 않고, 그것을 믿는 사람들을 향해 '수구꼴통'이라고 매도한다. 이게 바로 이념싸움의 생생한 현실 아니면 무엇인가? 그런 세력은 정계, 학계, 언론계, 문화계, 종교계, 교육계, 심지어는 사법부에까지 광범위한 뿌리를 내리고 있다. 이들이 엄존하는 한, 우리 시대의 이념논쟁은 끝날 수가 없다. 3부 '대한민국이냐, 수용소군도냐?'는 그런 논쟁에서 쓴 칼럼들이다.

이승만과 김구

한반도 현대사 70년의 기조는 무엇이었나? 가장 큰 기조는 물론 자유체제냐 전체주의냐의 대결이었다. 그러나 이 대결은 그렇게 간단한 흑백대결만은 아니었다. 흑과 백 사이에, 또는 그 양쪽 모두에 한 발씩 걸치고 있었던 회색빛 스펙트럼(分光)의 변수가 있었다. 8.15 해방공간에서 이 스펙트럼은 민족주의, 좌우합작, 남북협상의 모습으로 나타나곤 했다. 이 스펙트럼은 극좌 볼셰비키 전체주의 1당 독재 하에서는 설 자리가 없다. 이 스펙트럼은 비록 당장의 정권장악은 못한다 해도 오직 자유민주 체제 하에서만 설 자리가 있다. 그래서 이 스펙트럼은 당연히 대한민국 건국노선에 합류해 그 테두리 안에서 정권투쟁을 했어야 했다.

그러나 불행하게도 이승만 박사와 한민당 등 대한민국 건국세력과 김구, 김규식 선생 등 '단정(單政) 반대' 세력은 반(反)전체주의 자유진영을 함께 이룩하는 데 실패했다. 이 분열의 책임이 이승만 박사와 한민당 쪽에 더 많이 있었는지 아니면 김구, 김규식 선생 등 남북협상파에 더 많이 있었는지, 이에 대해선 아직도 끊임없는 갑론을박이 계속되고 있다. 그러나 김구, 김규식 선생 등 좌우합작파가 평양의 소위 남북협상에 가서 어떻게 공산당의 프로파간다에 이용만

당하고 존중은 받지 못한 채 한반도 정치지형에서 영구히 지워졌는지는 오늘의 눈으로 정확하게 파악돼야 한다. 그런 유(類)의 민족주의의 궤적은 휴전선 이남에서 여전히 마치 회귀열(回歸熱)처럼 되풀이되고 있기에, 그에 대한 역사비평적 조명은 더욱 절실하다.

이승만과 김구. 8.15 해방공간에서 이 두 거인(巨人)은 서로 등을 보이며 반대방향으로 나아갔다. 한 사람은 대한민국 건국으로, 또 한 사람은 '단독정권(대한민국)' 수립 반대로. 그리고 70여 년이 흘렀다. 남은 것은 이승만 노선과 김일성 노선 둘뿐, 김구, 김규식 남북협상파 노선은 휴전선 양쪽에서 다 없어졌다. 이게 '해방 70년사'의 움직일 수 없는 기정사실이다.

이 기정사실은 그러나 휴전선 이북에서는 확고하게 굳어졌는데, 휴전선 이남에서는 그렇지 않다는 데에 한국정치의 아이러니가 있다. 대한민국이 선지 70년이 지났는데도, 그래서 그 나라가 올림픽 경기와 월드컵 경기를 개최할 정도로 컸는데도 "이승만의 대한민국 건국노선이 옳은가, 김구의 남북협상 노선이 옳은가?"의 '선사(先史)적' 싸움이 툭하면 재연(再燃)되곤 한다. 그것도 사극(史劇)이 아닌 국회에서까지.

이건 무얼 뜻하는가? 우리 정계와 지식인 사회 일각엔 아직도 1948년의 대한민국 건국의 정당성에 대한 불복(不服)이 끈질기게 꿈틀거리고 있다는 뜻이다. 이런 불복심리가 '이승만 죽이기'와 '김구 띄우기'로 연출되는 것이다. 이승만의 대한민국 건국노선은 '분단 악(惡)'이고, 이에 반대한 김구의 남북협상 노선만이 '통일 선(善)'이라는 식이다. 그러나 이는 중대한 사실오인(誤認)이다.

분단은 북쪽의 인민위원회 1당 독재가 먼저 시작했다. 이승만은 그에 대응해 '가능한 지역이나마' 자유체제를 건지려 한 것뿐이다. 1948년 4월 19~23일에 평양에서 있었던 '남북 정당 사회단체 연석회의'에 참석한 김구 등의 '통일적 민주정부론'을 짓밟은 장본인도 이승만 아닌 김일성이었다.

김구, 김규식 등 남북협상파는 남과 북의 1대 1 협상을 기대하고 평양에 갔다. 그러나 회의장에 가보니 그들은 수많은 공산당 외곽단체들 틈에 섞인 '여럿 중 하나'였다. 회의는 공산당이 짜놓은 각본대로 진행되었다. 남쪽 참석자들은 발언 한 번 변변히 하지 못했다. 4월 30일에야 남북협상파의 입장이 '조금은' 반영된 '전(全)조선 정당 사회단체 지도자 협의회 공동성명'이라는 문건이 나왔다.

성명은 이랬다. "외국군이 철거한 후에 민주주의 임시정부가 수립될 것이며 이 정부는 일반적, 직접적, 평등적, 비밀 투표로 통일적 조선 입법기관 선거를 실시할 것이며 조선헌법을 제정하여 통일적 민주정부를 수립할 것이다." 남북을 통틀어 자유선거를 실시하고, 부르주아 민주주의 헌법을 만들어, 부르주아 민주주의 정권을 수립하겠다는 것이었다.

이 성명에 김일성은 뭐라고 반응했을까? "엿 장사 마음대로?"라며 코웃음을 쳤을 것이다. 그는 이미 소련 점령군 사령관 스티코프의 지령에 따라 부르주아 민주주의 아닌 프롤레타리아 사회주의 혁명을 착착 진행시키던 참이었으니까. 김일성에게 남쪽의 남북협상파는 그들이 평양에 오기까지만 유용했을 뿐, 그 이후는 필요 없었다.

이렇게 해서 김구, 김규식 등 남북협상파의 '통일 민주정부' 여망은 서울이 아닌 평양에서 폐기처분 당했다. 그래서 거듭 재확인해야 한다. "김구 등의 통일충정을 실컷 이용만 해먹고 차버린 악당은 이승만이었나, 김일성이었나?" 김일성이었다. 이게 그때의 사실이자 진실이다.

김구, 김규식 두 리더들은 그래서 장개석 중화민국 총통의 특사 유어만(劉馭萬)의 설득대로, 김일성의 '남북협상 쇼'에 말려들기보다는 이승만과 함께 반(反)전체주의 자유진영을 짰어야 한다. 그리고 다퉈도 그 안에서 다퉜어야 한다. 그러나 김구는 이를 사양하고 "소련이 북조선 군을 남진시켜 인민공화국을 선포할 것"이라는 당장의 대세(大勢)론에만 잠겨 있었다. 민족주의의 화살이 정곡(正鵠)을 비켜

가는 순간이었다.

　문제는, 정곡을 비켜가는 민족주의 화살이 지금도 곧잘 있다는 사실이다. 한미 FTA를 '이완용 짓'이라고 몰아 부치더니, 이번엔 또 전작권(戰作權) 환수 연기를 '군사주권 포기' '제2의 을사보호조약'이라고 매도하는 소리가 들린다. 야당으로서 이견(異見)은 말할 수 있지만, 가장 확실한 전쟁억지 장치를 그렇게 '대외종속' 식으로 때려잡는 것은 1980년대 NL(민족해방) 운동권 초짜들이나 하던 짓이다. 이런 과잉된 용어 남발은 노무현 시대로 끝났어야 한다. 이 시대의 민족주의는 지난 시대의 폐쇄적 저항민족주의를 벗어나 '글로벌 차원의 민족이익 추구'로 새롭게 정의(定義)돼야 한다.

자유사회가 껴안을 수 있는 것과 없는 것

2014년 겨울 우리사회를 달궜던 뜨거운 이슈 중 하나는 정부의 통진당 해산심판 청구에 대한 찬반논란이었다. 한국갤럽의 여론조사에 의하면 해산찬성이 45%, 해산반대가 33%였다. 반대의 이유는 '다양성을 위해서'라 했다. 이런 결과는 무얼 말하는가? "자유민주주의는 어디까지 다양성을 껴안을 수 있는가?" 그리고 "어디서부터는 껴안을 수 없는가?"가 쟁점화했음을 의미한다.

이 쟁점은 자유주의와 다원주의의 대립을 반영한다. '해산찬성 45%'가 자유주의인 셈이고, '해산반대 33%'가 다원주의인 셈이다. 자유주의와 다원주의는 서로 비슷한 듯해도, 둘 사이엔 첨예한 대립이 있어왔다.

자유주의는 다양성이 보장되는 사회를 지향한다. 그리고 다양성은 '다름'에 대한 관용에 의해서만 보장된다. 그러나 관용에는 한계가 있다. 관용할 용의가 있는 상대만 관용하는 것이다. 관용할 용의가 없는 상대는 관용의 공동체에 끼워줄 수 없다. 이게 자유민주주의 국가다. 이런 국가에서 사람들은 사적(私的) 영역에선 모두가 서로 다르게 살고, 다르게 살 권리가 있다. 그러나 공적(公的) 영역에서는 모두가 '시민'이란 직분에서 같아야 할(civic unity) 의무가 있다. 그리고 누구나 이 의무에 충성선서(civic allegiance)를 해야 한다. 자유민주주의는 이런 관용의 공동체를 운영하는 포괄적 원리다.

다원주의 또는 다문화주의는 소외된 인종(집시, 유색인, 소수민족, 이슬람 이주민 등)과 비주류들의 '다름'을 존중하라는 요구다. 여기까지는 자유주의와 다원주의가 엇비슷이 간다. 자유주의도 이런 요구에 대해 인색하지 않기 때문이다. 그러나 다원주의가 "자유민주주의만이 포괄적 원리가 아니다." "그와 반대되는(illiberal) 원리도 대등한 지위를 인정받아야 한다."고 하면서부터, 둘은 갈라서게 된다.

　자유주의는, 자유에 반대되는 입장도 자유공동체의 일원으로 인정하라는 다원주의의 요구를 반박한다. 나치와 볼셰비키 같은 반(反)자유, 전체주의, 획일주의, 1당 독재를 어떻게 자유체제의 일원으로 포함시킬 수 있느냐는 것이다. 설령 일시적으로 포함시킨다 해도 결국은 내전(內戰)으로 갈 게 뻔하다는 것이다.

　이래서 자유주의 국가들은 다원주의의 요구를 어느 정도까지만 받아들인다. 소외된 집단의 정체성을 존중하고 그들의 시민권을 확대하라는 요구엔 오케이다. 그러나 자유사회를 파괴하려는 집단까지 인정해주라는 요구엔 노(No)다. 문화, 사회, 법익(法益)의 문호는 넓혀가되, 자유사회의 안전보장만은 엄격히 지키겠다는 것이다. 관용할 수 있는 것과, 없는 것의 단호한 '선 긋기'인 셈이다.

　이런 '선 긋기'는 한국의 자유주의자들에게도 유용한 모델이 될 수 있다. 권위주의 시대에 자유주의자들은 다양성을 위해 국가가 더 많은 '다름'을 껴안아야 한다고 외쳤다. 그러나 오늘의 자유주의자들은 그 다양성을 지키기 위해 이제는 극좌 전체주의 세력에 맞서 싸워야 할 판이다. 진보주의자인 심상정 정의당 대표도 "헌법 밖 진보는 안 된다."고 했을 정도다.

　다원주의자들은 또 "통진당을 그냥 내버려 두어도 자연스레 없어질 것"이라고 주장했다. 과연 그럴까? 그냥 내버려 두었더니 그들은 '정당보조금 369억+6억'을 받아갔다. 국회엔 '혁명 교두보'라는 것도 마련했다. 민주당과 이면합의를 해서는 지자체 노른자위들도 훑어갔다. 이렇게 그냥 내버려두는 상태를 그들 RO는 '합법토대 구축'이라고 자부한다. 그들은 그 합법토대를 온상으로 신나게 '생육하고 번식' 할 뿐, 결코 저절로 소멸하지 않았다. 다원주의자들은 "선거로 심판할 일에 왜 정부가 나서느냐?"고도 했다. 그러나 투표는 내막을 다 알고서 하는 것만은 아니다. 북한의 대남공작부서는 왕재산 간첩단에 이렇게 지령했다. "진보적 민주주의, 반전평화, 민주변혁을 앞세워라." 이러면 적잖은 유권자들은 이렇게 말할 것이다. "그런 말들이 뭐가 나쁘냐?" 이래서 RO가 침식한 정치단체를 '정치의 자유시장'에 방치할 수만은 없는 게 자유민주 국가의 법치주의다.

문제는 북한-민혁당-왕재산 같은 흐름이 통진당에도 와 닿았는지 안 닿았는지를 밝혀내는 일이다. 그러나 이건 사법부의 몫이다. 법정 밖 자유주의자들로서는 다만 자유민주 국가의 대원칙만 되새기면 될 것이다. "다양성은 네오 나치와, 바더 마인호프 같은 극좌 테러분자들까지 포함할 수는 없다."고 했던 왕년의 서독의 원칙 같은 것 말이다.

*(편집자 주) 2014년 12월 19일 헌법재판소의 판결로 통진당은 해산되었다.

왜곡된 역사교과서 퇴출 운동을

우리 청소년들에 대한 일부 근, 현대사 교과서의 정신적 침식은 이제 더 이상 방치할 수 없는 심각한 '교육 재난'으로 다가오고 있다. 금성출판사가 펴낸 왜곡 역사 교과서 채택 비율이 전체의 56.6%로, 약 100만 부 이상 팔렸다는 것이다. 이 책이 이처럼 많이 팔린 이유는 교과서 선정의 관건을 쥐고 있는 학교운영위원회에 특정 교사들의 영향력이 크기 때문이라 한다.

대한민국의 역사적 정통성을 믿고 지키려는 학부모들로서는 앉은 자리에서 자기 자녀들의 영혼을 엉뚱한 사람들의 엉뚱한 세뇌교육에 빼앗기고 있는 셈이다. 이걸 그대로 방치해도 되는 것인가?

금성출판사 역사교과서에 대해서는 그동안 많은 우려와 비판이 있어 왔다. 그것이 '대한민국 70년사' '북한 70년사'에 대해 심히 온당치 않은 인식을 심어주고 있다는 것이다. 그렇다면 자녀들이 그런 적절치 않은 역사인식에 물드는 것을 원치 않는 학부모들로서는 가만히 앉아 있을 수만은 없다.

부모들이 가장 두려워하는 것 중 하나는 자녀들이 괴한에게 유괴당하는 것이다. 그런데 유괴란 반드시 신체적인 납치만 뜻하는 것이 아니다. 영혼을 납치하는 것이야말로 유괴 중에서도 가장 악질적인 유괴다. 상상해 보자. 괜찮던 아들 딸 아이가 어느 날 갑자기 심각한 표정으로 부모 앞에 다가와 "그때 대한민국이라는 나라는 왜 만들어 가지고 나라를 두 동강 냈느냐?"며 '생깡'을 부린다면 어떻게 하겠는가?

일부 청소년들은 이미 해방 후 한국 현대사에 관해 그런 사이비 종교적인 주술에 사로잡혀 있다고 한다. "멀쩡한 나라를 미국과 친일파가 분단시켰다, 남한은 식민지 종속국이다, 북한은 민족자주의 독립국이다." 운운하는 괴담들이 그들 사이에선 유행처럼 번지고 있다는 것이다. 그리고 부모들은 그것이 그렇지 않다는 반론을 즉석에서 제공해 줄 수 있을 만큼 충분히 준비되어 있지 않다.

이런 추세를 그대로 놓아두었다가는 대한민국이 "대한민국 건국은 나쁜 것"이라고 믿는 사람들로 꽉 차 버릴 날이 머지않아 올 것이다. 그래서 이미 많이 늦었기는 하지만, 학부모들과 시민사회가 들고 일어날 수밖에 없다. 반(反)대한민국 역사교과서를 거부하는 대대적인 운동을 일으켜야 한다.

운동이나 투쟁은 처음부터 성공을 보장받아놓고 시작하는 것이 아니다. 열심히 싸우다 보면 큰 물결을 일으킬 수도 있는 게 운동이다. 도대체 교육을 통해 자기 나라 건국을 '죄업(罪業)'인 양 비틀어 보이는 나라가 이 세상 어디 또 있나? 청와대, 내각, 교육부, 교육청, 새누리당 사람들 모두가 이 물음에 답해야 한다. 그들이 이 심각한

'교육 재난'에 정색을 하고 달려들 때까지, 왜곡된 현대사 교육 퇴출을 위한 국민운동을 거세게 일으켜야 한다.

'나라다움'의 핵심 중 하나는 제 나라 역사에 대해 긍지를 가지게 하는 교육이다. 역사를 빼앗기면 전부를 잃는다.

서평(書評), 이승만 박사가 대한민국을 세우지 않았다면?

『사진과 함께 읽는 대통령 이승만』

도서출판 기파랑의 안병훈 대표가 편집하고 발행한 화집이다. 여기에 이승만 대통령의 발자취에 대한 간략한 해설들이 곁들여 있다.

안병훈 대표는 서문의 제목을 이렇게 달았다. "건국 대통령을 제대로 모시기 위해". 그러면서 이렇게 쓰고 있다. "이승만은 독립운동, 건국, 북한의 남침 저지, 그 후의 한반도 평화유지 등 네 가지 면에서 누구도 범접 못할 가장 큰 역할을 수행했다. 물론 이런 막중한 역할을 수행하는 과정에서는 빛과 그림자가 있기 마련이어서 그를 적대하는 반대자가 생기는 게 당연했다... 그러나 조그만 잘못을 내세워 더 큰 위업에서 눈을 돌린 채 제자리걸음해서는 진정한 발전이 이루어지지 않는다."

이승만 건국 대통령의 빛과 그림자는 객관적으로, 공정하게 서술해야 한다. 그런데 좌익 등 일부는 왜 그의 그림자만 의도적으로 부각 시키는가? 그 이유를, 오래 전 한 사석에서 원로 현대사학자 L씨는 이렇게 설명했다. "뭐 뻔하지. 이승만 박사가 좌우합작에 반대했기 때문이지." 바로 그것이다. 이승만 박사 때문에 좌우합작 정권이 서지 못하고, 그 대신 대한민국이 서고, 그래서 6.25 남침이 저지된 것 때문에 좌익이 그를 사갈시한다는 것이다.

사람들은 흔히 공산화의 위험성을 거론하면서도 좌우합작의 위험성에 대해서는 별로 이야기하지 않는다. 그러나 이승만 박사는 공산화 이전에 좌우합작을 경계했다. 8.15 해방공간에서 만약 남로당이 주도한 '민주주의 민족통일전선'이 남한을 휩쓸었다면? 그리고 만약 김일성이 주도한 남북협상이 남한을 삼켜버렸다면? 그랬더라면 대한민국은 지금 여기 없다. 이걸 가지고 좌익과 일부 민족주의 계열은 그가 통일이 아닌 분단을 했다고 비방한다. 요즘도 종북세력과 그 아류들은 그런 욕설을 해댄다.

그러나 소련과 김일성은 대한민국이 서기 훨씬 전부터 이미 '인민위원회'라는 1당 독재 정권을 북한지역에 세워놓고 있었다. 그리고 남한을 그리로 끌어들이려는 징검다리를 놓고 있었다. 그 징검다리가 바로 좌우합작이라는 트로이의 목마(木馬)였다.

　이승만 박사는 그 트로이 목마가 가진 기만성을 꿰뚫어본, 몇 안 되는 선각자였다. 그의 그런 탁월한 예지(叡智) 덕택에 남한 지역에 서나마 자유민주 헌법질서가 확보되었고, 그렇게 해서 그 질서 안에서 살게 된 사람들은 참으로 축복받은 사람들이다. 그렇지 못한 사람들이 어떤 삶을 살았을지는, 상상하는 것만으로도 끔찍하다. 1960년대에 서독에 유학생으로 체류하면서 반(反)유신 활동을 하다가 북한 공작원에게 포섭되어 가족을 데리고 북으로 간 오길남 씨. 그는 입북하자마자 이내 "아차, 내가 잘못 했구나." 하고 후회했다. 그래서 공작임무를 띠고 북한 밖으로 나왔을 때 서방으로 탈출했다. 그러나 그의 부인은 수용소에서 작고했고, 두 딸은 여전히 갇혀 있다. 남편이자 아버지로서는 죄책감으로 피를 토할 노릇일 것이다. "오길남 씨의 두 딸 혜원, 규원 양 아닌 내가 만약 요덕수용소에 있다면?" 하고 모두가 상상해 볼 일이다. 요덕 바깥 역시 거대한 수용소이기는 마찬가지지만.

　우리를 그런 수용소군도에서 살지 않게 해 준 힘의 터전이 바로 대한민국이다. 그리고 그 대한민국 건국의 제일 공로자는 좌우합작의 기만성을 투시했던 이승만 건국대통령이다. 『사진과 함께 읽는 대통령 이승만』을 보면서 오늘의 우리의 삶이 하늘에서 뚝 떨어진

공짜가 아님을 절절히 느껴봤으면 한다.

대한민국은 어떤 나라로 탄생 했나?

정치, 경제, 사회, 문화, 교육 등 모든 부문의 국론분열이 왜 이렇게 심해지는 것일까? 거기엔 그럴 만한 까닭이 있을 것이다. 그렇지 않고는 세상이 이토록 '내전(內戰)적' 상황으로 빠져들 수가 없다. 이유는 자명하다. "대한민국은 이런 나라라야만 한다."는 데 대한 건국 당초의 합의가 깨졌기 때문이다.

이 '내전'은 그래서 단순한 국정원 댓글 시비나 '채동욱 혼외아들' 진실게임으로 그치는 게 아니다. 오늘의 갈등 밑바탕에 도사리고 있는 진짜 큰 갈등이 무엇인지를 알아보기 위해선 "대한민국은 애초에 왜, 어떤 나라가 되기 위해 태어났는가?"를 새삼 되짚어 봐야 한다.

추석 며칠 전에 문단(文壇)의 원로 이호철 선생을 그의 '고양 평화 통일문학관' 정원에서 만났다. 그는 "대한민국이 어떤 나라로 출발 했는가?"에 대한 답변으로 그의 소설 「별들 너머 저쪽과 이쪽」을 건네주었다. 소설 속 조만식 선생의 영혼은 북한 민족보위상 최용건의 영혼을 향해 이렇게 말한다.

"이승만은 일찍이 1930년대부터 스탈린이라는 자의 본질을 꿰뚫어 보아내고 (중략) 미국 땅에서 (중략) 언젠가는 그 스탈린에게 대항하는 쪽으로 (중략) 인맥을 이뤄갔소. 1949년에 모택동이 공산당 정권을 세운 뒤에도 그이는 전혀 끄떡도 않고 자기 소신을 굽히지 않았었소. (중략) 초대 대통령이 된 후에도 거의 극한까지 내몰리면서도 (중략) 박헌영과 맞섰던 것이오. (중략) 그것은 바로 당대에 있어 미·소 대결의 현장이었소이다. (중략) 그로부터 다시 60년이 지나고 보니까 스탈린의 소련은 송두리째 무너지고 중국도 저렇게 엄청나게 변하고 있지를 않습니까요. 범세계적으로 이 일을 해낸 그 첫 단초(端初)가 바로 6.25전쟁이었고, 바로 오늘의 저 대한민국 아니겠는지요."

한마디로, 일제로부터 해방되는 것은 시작일 뿐이라는 것,

그 후에 닥칠 자유주의냐 전체주의냐의 세계적인 한판 승부가 더 큰 고비라는 것, 그리고 그때 한반도인(人)들은 단연 '자유'의 편에 서야 한다는 것을, 이승만 박사는 이미 독립운동 할 때부터 내다보았다는 것이다.

8.15 후 이승만 박사의 예견은 적중했다. 그는 김구, 김규식마저 가버리고 미(美) 국무부 유화파가 "나 몰라라." 한 고독한 상황에서 스탈린, 마오쩌둥, 김일성, 박헌영의 '대한민국 없애기'를 혼자서 막

아서야만 했다. 그는 한미 동맹으로 그 시련을 버텨냈고, 대한민국은 그 후 탄탄히 섰다. 건국 70년이 지난 시점에서 국제공산주의는 파산했고, 조만식 영가(靈駕)는 "오늘의 저 대한민국 아니겠는지요."라는 감개 어린 토로를 하게 됐다는 이야기다.

이게 바로 대한민국의 정체성이자 존재 이유다. 대한민국은 이런 조만식 영가의 현대사 보기 같은 감격을 떠나선 설 수 없다. 대한민국은 여당 야당, 보수 진보 할 것 없이 이에 대한 공동의 '신앙고백' 위에서만 건재할 수 있다. 그런데 이 공동의 '신앙고백'에 금이 가버린 것이다.

지난 70년 동안 낙동강에서, 피의 능선에서, 서독 탄광과 병원에서, 중동사막에서, 포항제철에서, 삼성과 LG 전자에서, 현대기아자동차에서 한국인들이 그토록 피땀 흘려 지켜왔던 '신앙고백'이 'RO의 신앙고백'으로 침식당했기 때문이다. 일상의 흔한 갈등을 큰 분열로 부채질해온 악의(惡意)의 촉수(觸手)는 바로 그것이다. 권희영 한국학중앙연구원 교수는 그 '반역의 신앙고백'을 이렇게 설명하고 있다.

"대한민국의 역사는 인민공화국을 세우자는 세력과 대한민국을 세우자는 세력의 투쟁의 역사다. 인민공화국을 세우자는 사관이 해방전후사의 역사를 왜곡하고 계급투쟁을 통해 국민을 분열시키고 북한의 만행을 감추는 방식으로 6.25전쟁사를 왜곡하고 있다."

문제는 이런 골수파가 한 귀퉁이에 찌그러져 있지 않고 연대(連帶)라는 모습의 '손에 손잡고'로 긴 사슬을 이루고 있다는 사실이다. 이석기 구속에 '반란'한 금배지 사슬이 무려 25개였다. 이 사슬은 학술 출판 교육 문화에서 '민족'과 '자주'를 제 식(式)대로 풀이해 광장의 촛불을 횃불로 키우려 한다. 더러는 아주 안하무인이고 난폭하기도 하다. "대한민국 역사는 자랑스러운 역사..."라고 하면 즉각 "죽여 버리겠다."고 협박한다.

어찌 할 것인가? 불가피한 싸움이라면 회피할 수도 없고 회피해서도 안 된다. '아침이슬' 따위로 적당히 비켜서 있을 수도 없다. 스탈린, 마오쩌둥, 김일성, 박헌영의 '대한민국 지우기' 역사관에 맞서 '대한민국 지키기' 역사관을 정면으로 들이대야 한다.

'백년전쟁'

'민족문제연구소'라는 단체가 대선(大選)을 전후해 '백년전쟁'이라는 다큐멘터리를 만들었다. 이승만과 박정희를 '순 악당(惡黨)'으로 그린 동영상이다. 이게 인터넷 공개 한 달 사이 클릭 수 무려 193만을 기록했다. 댓글은 말한다. "이승만씨 나쁜 사람 맞습니다." "그걸(경제) 일본에 헌납해서 경제 식민지 만들려고 했던 것도 박정희라고 나오고....”

한마디로 반일(反日)과 친일(親日), 반미(反美)와 친미(親美), 민족과 반(反)민족 사이의 백년에 걸친 싸움의 역사에서 이승만과 박정희는 후자(後者)의 흐름을 대표한 두 '원흉'이라는 식이다. 아무런 백신도 없이 이런 동영상에 노출된 청소년들이 대한민국 70년사에 대해 어떤 악감정을 가질지는 묻지 않아도 알 수 있다.

이건 무얼 말하는가? '대한민국은 태어나선 안 될 나라...'라고 하는 미신이 여전히 한국 정치의 가장 기층(基層)적인 싸움을 재생산하고 있다는 뜻이다. 대한민국이 아무리 잘 나갔어도 “그건 친일파 다카키 마사오(박정희)가 만든...”이라는 악감정이 넘실거리는 한에는, 그리고 그 동영상이 그렇듯 대박을 터뜨리고 있다면 그 싸움은 그렇게 쉽사리 사그라질 수가 없을 것이다.

지난 대통령 선거 때도 표면상으로는 민생, 복지, 경제민주화가 쟁점으로 떠올랐지만, 사실은 이런 역사관의 싸움이 끈질기게 저류(底流)하고 있었다. 대한민국 70년사를 보람으로 보는 '긍지(矜持)의 역사관'과, 그것을 “정의가 패배한...”이라고 매도하는 '증오(憎惡)의 역사관' 사이의 싸움인 것이다.

'증오의 역사관'에는 “이승만 박정희, 너희만 아니었다면...” 하는 절치부심(切齒腐心)이 깔려 있다. "너희가 어쩌다가 경제발전은 해가 지고..." 하는 시샘도 읽힌다. 반면에 '긍지의 역사관'에는 "대한민국 성공사(成功史)에는 이승만·박정희의 리더십 더하기 나의 피와 땀과 눈물이 녹아 있다."는 높은 자부심이 깔려 있다.

객관적 사실과 진실은 '긍지의 역사관'에 압도적으로 유리하다. 1974년을 고비로 한반도의 '삶의 질(質)' 경쟁은 시장과 개방 쪽의 우세로 접어들었다. '긍지의 역사관'이 발효하기 시작한 것이다. 그러나 1987년까지는 '증오의 역사관'과 종속(從屬)이론이 정치적 대세였다. '남영동'과 '빙고 하우스'가 낸 반사 효과였다. 그러다가 민주화, 88 올림픽, 북(北)의 300만 아사(餓死) 사태를 거치면서 '증오의 역사관'이 설 땅은 급속히 쪼그라들었다.

현실 설명력을 그렇게 잃어갔어도 '증오의 역사관'은 그러나 수그러들 기색이 아니다. '백년전쟁'과 그 열성 팬들의 반응이 그것을 말해주고 있다. 왜 이런 일이 벌어지고 있는가? 사람들의 머릿속과 가슴속을 누가 선점하느냐의 문화전쟁에서 '증오의 역사관'이 훨씬 더 기민했던 결과다.

따지고 보면 '긍지의 역사관'이 꿀릴 이유는 없다. '긍지의 역사관'은 세계가 인정하는 '긍지의 근거'를 가졌다. 그러나 '증오의 역사관'은 '잘된 것까지 잘못됐다고 우기는' 픽션을 썼다. 이 차이가 '긍지의 역사관'이 지닌 정당성의 힘이다.

'이들의 백년전쟁'은 '저들의 백년전쟁'과 다르다. 그것은 독립협회 이래의 자유, 평등, 박애 그리고 문명개화 이상(理想)의 승리의 백년이었다. 대한민국 건국은 그 이상의 초기적 결실이었다. 6.25 때의 다부동 전투 지휘관은 그 결실을 지켜낸 영웅이지 '민족 반역자'가 아니다. 산업화는 파독(派獨) 광부와 간호사들이 감격의 눈물을 쏟게 한 고심참담한 역작이었다. 그리고 비록 '지하실'에 끌려갔어도 민주화 운동의 대표적인 투사에겐 그것은 요덕수용소 변호인들 따위에겐 결코 빼앗길 수 없는 깃발이었다.

문제는 이명박 시대에 이 '긍지의 역사관'이 '증오의 역사관'으로부터 문화권력을 빼앗아오는 데는 역부족이었다는 사실이다. 이명박 대통령은 그런 데엔 인식이 아예 없었다. 박근혜 대통령은 있을까? 없으면 그가 말한 '시대 교체'도 '청와대 교체'로 그치고 말 것이다. '백년전쟁'이 그걸 말해준다.

'생명의 길'

대한민국 현대사를 둘러싼 역사관(歷史觀) 전쟁이 2라운드로 접어들고 있다. 싸움을 일으킨 쪽은 '백년전쟁'이라는 동영상을 만든 사람들이다. 이 동영상에 따르면 이승만 박정희는 '친일파'라는 것이었다. 이게 클릭 수 200만을 넘어서면서 "말도 안 된다." "더 이상 두고 볼 수 없다."는 반론이 일어났다.

그래서 나온 것이 '생명의 길'이란 동영상이다. 각계의 이승만 연구자들이 만들어 지난 4월 25일 유튜브에 올렸다. 왜 제목이 '생명의 길'인가? 이승만이 만든 길은 사람 살린 길, 김일성이 만든 길은 사람 죽인 길이란 설명이다.

'생명의 길'은 '백년전쟁'이 12가지 '새빨간 거짓말'을 하고 있다고 말문을 연다. 싸움의 대치선(對峙線)을 "사실이냐 날조냐, 진실이냐 허위냐?"로 긋고 있는 셈이다. 중요한 분별법이 아닐 수 없다. 좌(左)니 우(右)니 따지는 것보다 더 우선적으로 해야 할 일은 그 말과 행위가 참이냐, 거짓이냐를 가리는 것이기 때문이다. 이런 분별은 인간 세상, 지식인 세상의 가장 일차적인 요건이다.

'생명의 길'이 꼽은 '백년전쟁'의 '새빨간 거짓말' 중 가장 대표적인 것이 노인 이승만과 젊은 김노디 여인이 불륜 행각을 벌였다는 대목이다. 이걸 '증명'하겠다면서 '백년전쟁'은 이승만과 김노디 여인이 당국에 붙잡혔을 때 찍었다는 사진을 올렸다. 그런데 그것은 진짜가 아니라 포토샵으로 조작한 가짜라고 '생명의 길'은 들춰냈다. 당시 미국의 사직 당국도 이 무고(誣告)를 '무혐의'로 끝냈다는 것이다.

이승만의 프린스턴 대학 박사학위 논문이 엉터리라고 주장한 대목도 도마 위에 올랐다. 그게 정말 그렇게 허접스러운 것이었다면 미국의 유수한 대학출판사가 미쳤다고 그것을 상업출판하였겠느냐는 반박이다. 이에 대해 '백년전쟁' 쪽은 가타부타 답이 없다. 재반박을 아직 내놓지 않고 있어서인지, 아니면 영 못하고 있어서인지는 알 길이 없다.

"이승만이 하와이 법정에 동포의 항일운동을 밀고했다." "일본과 잘 지내자는 글을 신문에 기고했다." "일본 감옥에 들어갔었다고 말했다." "하와이 동포들의 성금을 가로챘다." "백인 미녀들에게 돈을 뿌렸다." 운운에 대해서도 '생명의 길'은 "그런 적도 없지만, 사실이라면 왜 박헌영이 이승만을 '인민공화국 주석'으로 추대했겠느냐?"는 것으로 반박하고 있다.

주목할 것은 진보적인 주요 학자들도 언론 인터뷰를 통해 '백년전쟁' 식(式) 이승만 박정희 죽이기를 비판하고 나선 점이다. "압도적 농업 국가였고 민주주의를 해본 적도 없는 데다 거의 전쟁 상태였던 시기에 서구 민주주의를 왜 못하느냐고 하는 것은 현실에 대한 올바른 인식이 아니다. (중략) 박정희 모델은 완전히 부정돼야 할 모델이라는 데에 동의하지 않는다."(최장집) "공(功)은 보지 않고 일부 과(過)만 집중적으로 드러내는 것은 균형감각을 잃은 것이다. 시아누크 같은 동남아 건국 1세대들을 여러 차례 만났는데, 이들은 이승만 대통령의 기여를 입을 모아 얘기했다."(안경환)

'생명의 길'과 앞의 두 학자들의 견해는 역사서술을 비롯한 모든 분야에서 위조(僞造)와 편향(偏向)이 얼마나 어처구니없는 효과를 낼 수 있는지를 새삼 돌아보게 만든다. 1912년, 영국의 변호사이자 아마추어 지질학자 찰스 도슨은 자신이 "인류와 원숭이 사이의 '잃어버린 연결고리'를 발굴했다."며 온 세상을 놀라게 했다. 그는 그 두개골을 필트다운인(人)이라고 명명했다, 그러나 케네스 오클리라는 학자는 그것이 날조임을 밝혀냈다. 문제는 거짓이 들통 날 때까지 수십 년 동안 '필트다운인'은 생물학 교과서에서 숱한 젊은 학도들을 감쪽같이 속여먹고 있었다는 사실이다.

이처럼 순전한 픽션, 논픽션으로 착각하게 만드는 픽션, 픽션으로 각색된 논픽션을 마치 실제(實際)인 양 학교에서, 영화관에서, 출판물에서, 미디어에서, 사이버 공간에서 집요하게 쏟아 부을 경우 그 착시(錯視) 효과는 여러 세대를 갈 것이다. 1980년대의 편향된 이념 출판물들이 '가장 반(反)대한민국적인' 386~486 세대를 양산해냈듯이 말이다. 중요한 것은 그래서 "틀린 것은 틀렸다."고 말하는 것이다.

"아닌 것은 아니다."고 말하는 것이다. 말하지 않고 내버려 두면 '필트다운인'은 진짜가 돼버린다. "한국현대사의 뿌리는 친일"이라는 찰스 도슨 식 '창작사극(史劇)'도 내버려 두면 정사(正史)처럼 돼버린다. '생명의 길'이 할 말을 다한 것은 아닐 것이다. 그러나 케네스 오클리 같은 '말하기'의 작은 시작은 되었으리라 믿는다. 우리 사회에 그 정도 양식(良識)은 살아있다고 믿고 싶다.

종교가 탄원할 '정치범'은 요덕에 있다.

4대 종단 지도급 성직자들이 형법상 내란 음모죄 위반 사건으로 재판을 받고 있는 이석기 등 7명에게 '선처'를 베풀어 달라고 재판부에 '탄원'했다. 이에 대해선 이미 많은 비판과 반론이 제기된 바 있다. 그러나 이젠 그런 일차적 반응을 넘어, 그것이 함축한 근본적 이슈를 돌아볼 때가 되었다. 바로 종교와 세속의 관계, 특히 세속에 대한 종교인들의 멘토링(mentoring, 스승 노릇)에 대해 다시 한 번 깊이 생각해 봐야 할 때인 것이다.

종교 지도자의 멘토(mentor, 스승) 역할은, 멘토라는 이름을 가졌던 그리스의 한 캐릭터에서 유래한다. 그는 트로이 원정(遠征)길에 오른

오디세이의 친구였다. 주군(主君)이 온갖 시련으로 10년 넘게 집을 비우자 그의 아내 페넬로페 주변에는 수많은 찬탈자들이 몰려들었다. 그리고 그 아들 텔레마코스는 너무 어려서 무얼 어찌할 바를 모른 채 허둥댔다. 그래서 멘토가 '현명하고 믿을 만한 카운슬러이자 스승' 노릇을 한 것이다. 멘토의 정신적 버팀목은 칼을 든 지혜의 여신 아테나였다.

아테나의 자리는 중세기에 들어와선 주(主)님, 성령, 선지자, 성인(聖人)으로 넘어갔다. 이 시기엔 종교의 멘토링이 너무 막강해서 탈이었다. 나랏일에서 개인 일에 이르기까지 시시콜콜 감 놔라, 배 놔라 했기 때문이다. 그러다가 근대 세속 국가가 출현하면서부터 정치와 종교, 세속과 성직(聖職)이 분리되었다. 그러나 21세기에 들어 일부 지역에선 종교가 다시 감 놔라, 배 놔라 하는 일이 벌어지고 있다. 이슬람 근본주의가 대표적 사례다. 러시아 정교회 총대주교 키릴 1세도 푸틴 대통령에게 대(大)러시아주의, 전통주의, 권위주의, 반(反)서구주의를 훈수하고 있다.

그렇다면 오늘의 한반도에선 종교가 정교분리 원칙 아래서 세속에 대해 어떻게 '착한 멘토링'과 '좋은 멘토링'을 할 수 있을까? 답은 나와 있다. 자유냐 억압이냐, 인권이냐 인권압살이냐, 개인의 존엄이냐 전체주의냐 하는 첨예한 대치(對峙)에서 종교가 자유, 인권, 개인의 존엄을 위한 멘토링에 나서는 것이다. "웬 지당하신 말씀이냐?"고 할지 모르나, 오늘의 우리 종교계 이념지형에선 이게 그렇게 '지당한 것'으로 돼 있지 않다는 데에 사태의 심각성이 있다.

일부 종교인들은 민주화가 되었는데도 아직도 자기편 정권이 아니면 '공포정치' 운운하며 '대선불복(不服)'을 선동한다. 그러면서도 북한 세습왕조의 진짜 공포정치에 대해선 이렇다 하는 말이 없다. 제주 해군기지를 '해적기지'라고 한 사람들과는 선을 그었나, 아니면 섞여 있었나? 2010년 지자체 선거 땐 "4대강에 찬성하는 후보들은 찍지 말라."는 현수막을 걸어놓은 적도 있었다. 이런 식은 종교계의 '누워서 침 뱉기'밖엔 안 된다. 종교인이 종교인처럼 행동하지 않고 광장의 광우병 선동꾼들을 닮아간다면, 그건 종교인의 향기를 잃는 일이 되기 때문이다.

문제는 그러나 이런 조악(粗惡)한 멘토링을 바로잡아줘야 할 고위 성직자들마저 더러는 거기 동조하고, 또 다른 대부분은 골치 아프다며 발을 뺀다는 것이다. 4대 종단의 지도급 성직자들이 갑자기 '이석기 탄원서'를 들이민 것은 종교계의 이런 격(格) 낮은 멘토링에 대한 국민적 반감을 더욱 고조시킨 계기가 되었다.

'이석기 탄원서' 서명자들은 무엇보다도, 누구나 "마땅하고 옳은 일입니다."라고 따를 만한 '보편타당한 멘토링'을 한 게 못 되었다.

영 가당치도 않은 인물을 골라서 '가족들로부터 불쌍하게 격리돼 있는 자'처럼 분칠했으니 말이다. 서명자들이 이석기 일당을 무슨 '양심수' 쯤으로 간주했다면 그건 돌이킬 수 없는 실수다. 그들은 민주화된 국가의 기간시설을 폭파하려 한 죄목으로 기소된 엄연한 형사 피고인들이다. 고문(拷問)과 긴급조치와 군사재판을 받는 '양심수'가 아닌 것이다. 그런데 이런 범죄 피고인들을 무턱대고 그냥 "풀어주라."니, 아니, 그럼 대한민국의 사법제도는 바지저고리란 소린가?

종교 지도자들이 감싸야 할 진짜 정치범들은 수원 구치소가 아니라 요덕 수용소에 있다. 부처님 예수님 제자들이라면 목소리 큰 이석기 일당보다는, 당연히 이 목소리 없는 자들의 목소리가 돼 주어야 할 것이다. 이게 '착한 멘토링' '좋은 멘토링'이다.

'주님 이름 끼고 주님을 소유하려는' 사람들

'정의구현사제단' 소속 전주교구 신부들이 박근혜 대통령에 대해 "더 이상 대통령이 아님을 선언"하면서 그의 사퇴를 촉구하고 나섰다. 귀태(鬼胎)니까 셀프 사퇴!' "NLL에서 한·미 군사훈련 계속하면 북한에서 쏴야지." "천안함도 북한이 어뢰를 쐈다는 게 이해가 되느

냐."는 말도 나왔다. 종교 집회인지 정치 집회인지 헷갈린다. 그러나
이 구분은 안 해도 그뿐이다. 본인들이 그것을 종교 집회라 하면 그
뿐이고, 그렇게 보지 않는 사람들이 그것을 정치 집회라 하면 그 역
시 그뿐이다. 합칠 수 없는 걸 합치려고 굳이 애쓸 필요 없다. 그러나
그들이 '정치화된 신부들(politicized priests)'이라는 것만은 분명하다.

'정치화된 신부'는 옛날부터 있었다. 1095년 로마교황 우르반 2세
는 클레르몽 종교회의에서 전(全) 유럽이 십자군전쟁에 총궐기할 것
을 요구했다. 셀주크 터키가 장악한 예루살렘 성지(聖地)를 빼앗아
오라는 선전포고였다. 수많은 농민과 부랑민이 '민중십자군(people'
s crusade)'에 열광적으로 가담했다. 소년 소녀 아줌마도 있었다. 그들
의 지도자는 '은둔자 베드로(Peter the Hermit)' 신부였다. 헝클어진 머
리카락에 신발을 신지 않는 카리스마의 인물이었다. 민중은 그가 탄
당나귀의 꼬리털 한 오라기라도 뽑아서 지니면 축복을 받는다고 믿
었다.

이 오합지졸 1만 5,000명은 유럽을 횡단해 콘스탄티노플에서 배
를 타고 예루살렘으로 가려던 참이었다. 그들은 쾰른에 도착해선 약
탈자로 변모해 수많은 유대인을 학살했다. 상당수는 발칸반도에서
지역민에게 맞아 죽고 굶어 죽고 노예로 잡혀갔다. 나머지 7,000명
은 베드로 신부가 동로마 제국 알렉시우스 황제에게 지원을 호소하

러 간 사이 터키 정예군에게 도륙을 당했다. 당나귀 꼬리엔 영광이 었을지 몰라도 민중에겐 헛되고 헛된 삶과 죽음이었다.

'은둔자 베드로' 신부는 그 당시의 '정치화된 신부'였던 셈이다. 그러나 그는 이런 호칭을 수긍했을 리 없다. 예루살렘에 있는 '성(聖)무덤 성당'을 찾았을 때 그는 예수님의 신탁(神託)을 받았다고 자임했기 때문이다. 예수님이 자기에게 유럽으로 돌아가 이교도의 횡포를 널리 전하라고 했다는 것이다. 그래서 그는 자신이 '정치화된 신부'가 아니라, 주님의 명(命)대로 하는 종일뿐이라고 자처했을 것이다. 그러나 주관적으로는 그렇더라도 객관적으로는 그는 민중을 도구화한 프로페셔널 정치 선동꾼이었을 뿐이다.

'정치화된 신부들'의 문제는 오늘의 시점에서도 세계적으로 민감한 쟁점이다. 그들은 자신들의 행위가 복음성서에 근거한다고 주장한다. 전주교구 '정구사' 집회도 "교회의 말도 들으려고 않거든 그를 다른 민족이나 세리(稅吏)처럼 여겨라."고 했다. 자신들의 말을 곧 교회의 말씀, 성경 말씀이라고 친 것이다. 그래서 이를 따르지 않는 자는 당연히 교회의 진리를 거역하는 이방인, 세리, 바리새인이라는 것이다. 그러나 교회 안엔 이에 대해 정면으로 반박하는 목소리가 없을 리 없다.

2010년, 가나의 아남브라 주지사 선거 때 일부 신부는 특정 후보를 찍으라고 선동했다. 그러자 에보 소크라테스라는 평신도가 교회 매체에 이렇게 썼다. "교회는 영성적이고 보편적(catholic)이어야 한다. 독단적이고 분열적인 신조로 파당 정치에 개입해선 안 된다." 미국에서도 레베카 해밀턴이란 평신도가 '정치화된 신부들'에 대해 이렇게 썼다. "예수님을 따르기보다 자신들의 세속 정치를 정당화하기 위해 복음을 왜곡하는 사람들이 있다. 주님의 이름을 끼고 다니며 주님을 소유하려는 그들의 행위가 개탄스럽다."

"귀태니까 셀프 사퇴" "NLL에서 훈련하면 북이 쏴야지" "북이 어뢰를 쐈다는 게 이해가 되나?" 하는 말들은 그러면 복음적일까, 복음을 왜곡한 것일까? '댓글'과 '트윗'을 야단칠 순 있다. 검찰도 야단치고 있다. 재판부도 엄정할 것이다. 그러나 '천안함'과 '연평도'를 그렇게 거꾸로 매달 순 없다. 그것은 영령들을 거꾸로 매다는 것이고, 영령을 기리는 국민을 거꾸로 매다는 것이고, 그들의 정의를 거꾸로 매다는 것이다. '정구사'엔 이게 정의이고 복음적인가?

서울대교구 염수정 대주교는 "성직자는 정치에 개입할 수 없다."고만 말했다. 그러나 중요한 것은 '정구사' 식 정의에 대한 본질적인 판단 여하다. 교회당국은 여러 가지 사정상 지금까지 이 문제를 거론하지 않고 있다. 무책임한 노릇이다. 정히 그렇다면 평신도들이라도 논쟁을 일으켜야 한다. 언제까지 덮고 뭉갤 수만은 없다.

김수환 추기경의 2중의 고뇌

김수환 추기경에 대한 보도가 홍수를 이루고 있다. 이 와중에 다른 이야기를 해 보았댔자 그냥 파묻힐 것이다. 그래서 나는 김수환 추기경의 선종(善終)에 대해 발언을 가급적 자제해 왔다. 그러나 이제는 나의 말을 할 때가 된 것 같다. 문제는 언론이 김수환 추기경을 그토록 추앙하는 이유가 무엇이냐 하는 것이다. 유신독재에 항거했기 때문에? 오로지 그것 하나 때문에? 물론 그것은 큰 이유가 될 수 있다.

김 추기경은 유신정권의 횡포에 결연히 맞섰다. 그는 주교회의가 순응파와 반유신파로 양분돼 있었을 때, 반유신 파를 이끌고 명동성당 시국미사를 주도했다. 부드러움과 유연함을 무기로. 정말 그 분이 아니면 할 수 없는 일이었다.

그러나 김추기경의 고매함은 거기에만 있었던 것은 아니다. 바로, 민주화를 지향하면서도 극좌 흐름을 경계하는 2중의 고민을 안고 있었다는 데에 그 분의 진정한 모습이 있었다. 지학순 주교의 경우도 마찬가지였다. "민주화는 좋다, 그러나 극좌는 안 된다, 그런데 지금 같은 추세라면 민주화가 극좌에 먹힐 것 같으니 이 노릇을 어찌 할꼬?" 하는 것이 그 분들이 가지고 있었던 2중의 아픔이었다.

김수환 추기경의 2중의 고뇌는 1980년대 후반 이후 주사파의 등장으로 그대로 적중했다. 그리고 그는 그 극좌 물결에 "노(no)."라고 반응했다. 이에 반발한 일부는 김 추기경을 권위의 자리에서 끌어내리려 했다. 김 추기경의 일본군 복무경력, 그의 '국보법 유지' 발언을 꼬투리 잡아 그 분을 정치적으로 매장하려 했다.

그러나 이런 모략중상이 그 분의 위대함을 훼손할 수는 없었다. 그 분은 세속적으로는 자유민주주의, 사회적 약자(弱者)에 대한 애정, 유신독재 뿐 아니라 수령독재는 더더욱 받아들일 수 없다는 도덕적 선택, 관료신학적 도그마에 사로잡히지 않는 유연한 성직자, 그리고 청년 예수를 닮으려는 만년 수련자이셨다.

김 추기경을 그토록 폄하하다가 그 분이 선종하시자마자 갑자기 '칭송'으로 돌아선 일부 좌파매체들, 그리고 대다수 보수매체들 역시 김 추기경의 2중의 고민에 대해서는 단 한 줄도 언급하지 않고 있다. 그러나 이제 우리는 그 분을 편하게 보내드려야 한다. 우리는 그 동안 그 분을 너무 괴롭혀 드렸다. 그래서 삼가 묵념을 드린다.

"김수환 추기경 스테파노님, 하느님 평화 안에서 영원한 안식을 누리소서. 추기경님에 대해 이런 저런 웃기는 소리를 해대던 무리들에 대해 성경은 이렇게 말하고 계십니다. '저들은 자기들이 무슨 짓을 하는지 알지 못 하나이다.' 김수환 추기경 스테파노님, 안녕히 가십시오!'

진보 내부에 노선투쟁 있어야

한국의 진보라 할까 좌파라 할까 하는 진영은 이제 상대방에 대한 싸움에만 몰두할 게 아니라 자신들이 누구이고, 누구여야 하는가를 새롭게 정립해야 한다. 한국의 진보는 지금 잘 하고 있나? 이런 질문은 바깥에서보다 내부에서 먼저 제기돼야 상식적이다.

진보의 지평에는 최근 두 개의 논점이 떠올랐다. '나꼼수'의 막말 파동이 그 하나였다. 또 하나는 1990년대 민혁당 잔재들의 재등장을 둘러싼 의혹이었다. 이 두 가지 이슈는 한국 진보의 품격과 정당성이 걸린 중요한 논점이었다. 한국 진보의 끝자락이 저질, 쌍욕 판으로까지 가 닿는 게 과연 좋은 것인지, 그리고 한국 진보가 '너무 먼 좌(far left)'하고 짝짜꿍이 되는 게 과연 좋은 것인지가 논란되어야 하는 것이다.

막말과 관련해, 민주통합당 문성근 권한대행은 선거판 SNS의 한계를 설명하는 가운데 이렇게 말했다. "부산 젊은이들은 '나꼼수'를 안 듣는다. 듣는 사람이 조금이라도 있으면 동원을 하는데..."

거북한 얘기다. 부산 젊은이들이 "콘돌리자 라이스를 xx해서 죽이자."(라디오 21) 따위를 듣지 않아서 동원이 안 됐다니, 이건 부산 젊은이들에 대한 모독이다. 자신에겐 물론, 진보 전체에 대한 '누워 침 뱉기'이기도 하다. 한명숙 씨도 막말꾼을 강력하게 응징하지는 않은 채 팔로워들 눈치만 살폈다. 자해(自害)였다. 윤리적 판단을 못해서였나, 득실계산에 어두워서였나, 아니면 미추(美醜) 분간이 아둔해서였나?

쌍욕, 저주, 외설이 반항의 무기로 쓰이는 경우는 더러 있다. 그러나 그것은 지하문화, 비주류, 소수파로서 한 귀퉁이에 웅크리고 있는 게 제대로 된 곳의 풍경이다. 한국에서처럼 어엿한 주류 제도야당이 그것에 영합하고 그 눈치를 보는 건 한심한 작태다.

왕년에 윤리적 목마름에서 민주화 운동을 했다는 사람들이 오늘날에 와 진보운동을 그렇게, 윤리와는 멀어도 한참 먼 쪽으로 끌고 간대서야 그게 결국은 자신들 말고 누구에게 손해인가? 진보가 진지하게 자문해야 한다.

민혁당 잔재가 왕년의 종북노선을 씻었다는 양심고백도 없이 은

근슬쩍 민노당, 통진당을 잠식해 왔다는 이야기가 사실이라면, 그것 역시 한국 진보의 올바른 노선정립을 위해 무섭게 따지고 들었어야 할 이슈다. 진보란 무엇인가, 무엇이어야만 하는가, 전체주의 좌익도 진보인가... 하는 등등의 근본적인 쟁점들이 걸려있는 것이다.

유럽 좌파의 역사는 좌파 내부의 노선투쟁의 역사였다. 특히 극좌 전체주의에 대한 민주적 사회주의자들의 투쟁의 역사였다. 공산당과 통일전선을 하자는 사회민주당 좌파에 대한 사회민주당 우파의 논쟁도 뜨거웠다.

동유럽 사회민주당 우파는 공산당 쿠데타 후 멸종을 당할 운명이었지만 그들은 원칙대로 나갔다. 러시아의 멘셰비키도 1923년에 명맥이 끊길 때까지 볼셰비키와는 다른 배를 탔다. 이게 지적(知的) 정직성이란 것이다. 한국 진보 내부에 이런 정직한 노선투쟁이랄 게 있나?

민혁당의 비전향 부대가 그 후의 숙주(宿主) 안에서 심지어는 '당권파'로까지 올라가 있었다면, 보수우파보다도 진보 쪽 선수들이 먼저 포문을 열었어야 참으로 '진보적'이다. 이게 어찌 보수우파만의 아젠다란 말인가?

문제는 보수 아닌 진보의 총(總) 노선이 걸린 사안이다. 그렇다면 진보 안에서 먼저 "전체주의, 3대 세습, 인권압살, 핵미사일 도발에

눈 감는 쪽을 과연 진보라로 품을 수 있는가?' 하는 질문이 당연히 나왔어야 '기본'이다. 정치적 타산에서, 진영에 묶여서, 보수가 더 미워서 그렇게 하지 않았다면 그것은 지식인으로서 파산이고, 지성의 포기이며, 따라서 진보의 스캔들이다.

어느 좌파 지식인의 커밍아웃

뉴라이트 재단의 계간지 「시대정신」 2008년 여름 호에 진보 쪽 활동가인 주대환 씨가 '민주노동당 분당 사태와 좌파의 진로'라는 논문을 실었다. 그는 오랜 기간 민주노동당 비주류로 있어 왔다. 그랬던 그가 그간 겪은 고뇌의 결과를 좌파 매체 아닌 우파 매체를 통해 커밍아웃했다. 이것만으로도 "그가 무슨 말을 했느냐." 하는 내용 이전에, 잔잔한 충격을 던지기에 충분하다. 우선 그가 한 말부터 들어보자.

"이제 좌파는 대한민국을 긍정해야 한다. 대한민국은 독립운동 시절부터의 광범한 합의를 할 수 있는 토지개혁을 실시하여 세계사에서 유례를 찾아볼 수 없을 만큼 평등한 사회경제적 토대 위에 건국된 위대한 나라다. 결코 세계에서 뒤떨어졌다고 볼 수 없는 보통선거권을 실시한 현대 민주주의 국가였다."

이러면서 그는 "북한의 간첩 행위자에게 어떤 징계도 내리지 않음은 물론, 굳이 친북 주사파를 옹호하고 감싸고 돌아 북한당국의 대남정책의 지렛대 역할이나 하는 조선노동당 2중대가 아니냐는 혐의를 감수하는" 민노당 일각의 무모함을 비판했다.

그의 말은 이어진다. "민족사의 정통성이 조선민주주의인민공화국에만 있고 대한민국에는 없다는 인식에서 벗어나고..." "우리는 이제 민주주의를 가슴을 열고 받아들이며 민주주의를 우리의 이상 실현의 유일한 길로 인정"해야 한다고 했다.

"프롤레타리아 독재를 비판하고, 그 귀결인 스탈린 체제, 공산당 1당 독재, 북한의 1인 독재와 그 아래 벌어지고 있는 인권유린과 민생파탄을 적극적으로 비판해야 한다." "우리의 사상적 조상, 정치적 족보의 연원을 김일성, 박헌영이 아니라 여운형, 조봉암에서 찾아야 한다...."

결론적으로 그는 "이제 좌파는 뉴레프트 운동으로 업그레이드되고 거듭나야 한다. 노동자 시민에게 분노와 절망이 아닌, 대안과 희망의 비전을 제시해야 한다. 그러기 위해서는 우리는 사회민주주의 노선으로 대전환해야 한다."고 말하고 있다.

이 모든 말은 한마디로 한국의 좌파는 북노당(김일성 김정일), 남노당(박헌영), 그리고 레닌, 스탈린 모델과 단절한 서유럽 사회민주주의 모델이라야 한다는 당위를 확실하게 못 박은 것이라 할 수 있다. 좌파 진영 바깥에서는 늘 주장하고 요구하던 바였으나, 좌파 내부에서 이런 직설적인 자성, 비판, 대안제시가 표출된 것은 그리 흔치 않은 일이다. 민노당, 진보신당, 민주당, 민노총, 전교조, 기타 모든 진영들이 이런 주제를 놓고 그야말로 끝장토론을 해볼 만한 일이다.

기존의 좌파는 내부에 종북 계열이 있다는 사실조차 부인해 왔다. 심지어 DJ(김대중)까지도 최근 방송에 출연해 "좌파가 있다."는 항간의 지적은 심히 부당하다는 투로 말했다. 그쪽 단체들이 명백한 친북 문서를 공공연히 발표하고 있는데도 계속 "없다."는 것이다. 그리고 그것이 "있다."고 지적하면 대뜸 "지금이 어느 때인데 색깔공세냐?"라며 펄펄 뛰었다.

한국의 좌파가 진정으로 유의미(有意味)한 진보로서 동시대인들의 행복추구에 기여하려면 그들은 그런 위선에서 벗어나 주대환 씨 등이 던진 안팎의 비판을 진지하게 경청해야 한다.

민주사회에는 당연히 우파도 있고 좌파도 있게 마련이다. 그러나 거기엔 대전제 하나가 있어야 한다. 우파와 좌파가 의회민주주의, 그리고 그것을 구현한 '우리나라'에 대한 애정과 충성(loyalty)을 공유해야 한다는 점이다. 한반도에서 의회민주주의를 구현한 나라는 대한민국밖에 없다. 북쪽의 수령독재 하에서는 보수는 물론 진보도 성립할 수 없다.

지난 민주화 운동 과정에서 한국의 '진보'는 친북 NL(민족해방)파에 침식당했다. 그들은 부문운동, 전선(戰線)운동, 선전선동 매체 등 중요한 전략요충의 고삐를 쥐고 있다. 이것을 단호히 잘라 버리지 않는 한 한국의 좌파는 소리만 요란할 뿐, 계속 시대착오의 유물로 퇴화할 것이다.

좌파 파시즘

어떤 사람이 진정으로 용기 있는 사람일까? 떼거지를 믿고 왜가리 소리나 버럭 버럭 지르는 자? 진정으로 용기 있는 사람은 항상 혼자서 "아니오."라고 거부하는 사람이다. 30대 청년 예수가 그러했다. 저 험악한 촛불 군중 속에 홀로 들어가 "아니오."라고 침묵으로 1인 시위를 한 20대 청년 이세진 군, 거대 미디어 권력에 맞서 "거짓말 마!"하고 혼자서 싸운 정지민 씨, 역시 거짓 선동에 홀로 맞서 싸우고 있는 의로운 공직자 민동석 씨 같은 사람들이야말로 진정한 용기가 뭔지를 시범해 보인 의인들이다.

패거리, 선동부대, 복면부대, 아우성 부대, 뗑깡 부대, 자해공갈단,

모략부대...이런 것들이 판치는 세상에 식상하다가도 그런, 혼자서 올곧은 길을 가는 아름다운 개인들이 있어 그나마 큰 위안을 받는다.

1980년대 이래 개인은 사라지고 그 자리에 대중, 군중, 집단이 들어섰다. 권력화된 대중과 군중은 자신의 양심에 충실하려는 개인들을 협박하고, 위협하고, 모욕하고, 매도하면서 신판 전체주의의 폭력을 휘둘러 댄다. 그들이 마패(馬牌)처럼 내세우는 '민족'이니 '민중'이니 하는 것들은 사실은 '민족' '민중'의 참다운 행복추구를 위한 것이 아니라, 자신들의 기득권을 지키기 위한 가짜 주문(呪文)일 뿐이다.

그래서 이제는 개인으로 돌아가야 한다. 개인을 회복하자는 것은 결코 이기적이고 원자화된 개인주의를 말하는 게 아니다. 공동체의 이익과 충돌하는 개인 절대주의를 말하는 것도 아니다. 한 마디로 '집단 광기' '우상화된 군중' '집단최면' '폭민(暴民) 정치'에서 벗어나야 하겠다는 것이다.

이런 현상을 혹시 '좌파 파시즘'이라 불러도 좋을지 모르겠다. 파시즘적 양상은 우파에게만 나타나는 것이 아니라, 좌파에게도 나타난다. 중우(衆愚)현상, 선전선동, 군중폭력, 집단 괴롭힘, 심리적 테러, 홍위병 행패, 거짓 교설(教說)과 궤변, 대중이라는 마리오네트를 구사해 인형극을 연출하는 음모가들, 새 하늘 새 땅도 아닌 것을 마치 새 하늘 새 땅인 양 속여서 세일즈 하는 거짓 선지자들, 억대 연봉을 타면서도 "그래도 나는 왕년의 진보였지..." 하고 으쓱대는 얼치기 위선자들, 이런 부류가 이를테면 오늘의 한국적 '좌파 파시즘'을 만들어 내고 있는 병리(病理) 증후군인 셈이다.

대중은 여기에 속절없이 넘어간다. 광장은 여기에 속절없이 봉사한다. 광란하는 음율(音律)과 미친 듯 흔들어 대는 율동은 여기에 기름을 들어붓는다. 미친 군중들의 "죽여라! 죽여라!" 하는 외침은 거기에 불길을 당긴다. '민중 직접지배'를 공언하고, 질서타파를 고창하고, 법은 예속(隷屬), 무법은 해방, 조반(造反)은 유리(有理)라고 설파한다. 권력화 된 광신적 중우(衆愚)는 이윽고 음모가들의 각본에 따라 '좌파 파시즘'의 미친바람을 일으킨다.

이 반(反)문명적인 탁류를 치유할 항체는 그래서 대중의 폭력에 기죽지 않는, 해맑고 영롱하고 아름다운 영혼을 간직한 개인들이다. 음모가들의 거짓이 먹히지 않는, 강력한 아우라(aura)를 가진 고급 영혼들이 바로 그들이다. 교활한 운동꾼들, 삐뚤어진 먹물들, 제 영혼이랄 게 없는 군중, '카더라' 전문가들, 죽창 부대, 새총 부대, 시너 부대, 쇠파이프 부대들. 이들 앞에 당당히 나가 의연하게 노(No)라고 말할 수 있는 참 용기의 개인들이야말로 이 쓰레기를 청소할 이 시대의 '환경미화원(美化員)'이라 할 수 있다.

아직도 종속이론을 고집하는 그들

종속이론은 1960년대 초에 폴 바란(Paul A. Baran)의 『성장의 정치경제학(Political Economy of Growth)』이란 저서를 통해 한국사회 일각에 들어왔다. 1980년대 386을 매료시키던 종속이론의 선구적 이론이었다. 후진국이 아무리 자본주의를 해보았자 신(新)식민지 밖엔 안 된다는 주장이었다.

대학생들은 그 비관론을 접하고 적잖이 비관했다. 뱁새가 황새를 따라가 보았자 가랑이만 찢어진다는 속담들을 연상했다. 데모를 할 때면 약방의 감초처럼 등장하는 구호 중 하나가 그래서 "매판자본 물러가라."였다. 삼성의 한비사건이 났을 때 그들의 확신은 절정에 달했다. 3공화국이 대일 청구권 자금을 들여왔을 때도 그들은 일본 제국주의의 경제침탈과 한국경제의 대일 종속에 저항한다는 입장을 취했다.

고속도로를 건설했을 때도, 자동차 산업을 시작했을 때도, 그들은 모두 "안 된다."고 했다. 중화학공업 때도 "배를 만들어 어디다 판단 말이냐?"며 '안 될 일'이라 했다. 그러면서 '민족경제' '자립경제'를 주장했다. 민주화와 통일과 민족경제를 동시에 해야 한다고도 했다. 한국에선 수입대체산업도, 대외 지향적 무역입국론도, 보세가공업도, 차관도입에 의한 국가주도 고도성장도, 산업화도, 자동차 조선 제철도 모조리 '매판경제' 밖엔 안 된다는 것이었다.

그러나 결과는 어땠나? '민족' 운운 '자립' 운운 하던 북한은 쫄딱 망했고, 한국은 G20국가가 되었다. 그들 말대로라면 포항제철과 현대자동차와 삼선전자는 지금 없거나 망했어야 한다. 결과가 이쯤 됐으면 "그 때 우리가 뭘 잘못 알았다."고 할만도 하련만 그들은 내가 언제 그랬느냐는 양, 시치미 뚝 떼고 입을 싹 씻는다. 지식인이 이럴 수 있나?

그들은 지금도 그런 역사인식에서 별로 벗어나 있지 않다. 이른바 NL(민족해방론)이 그것이다. 북한은 '자주' 남한은 '종속' 그래서 '종북(從北)'보다 '종미(從美)'가 더 나쁘다는 식이다. 그들 모두가 다 꼭 이렇게 '최극단'이라는 건 아니다. 그러나 큰 틀에선 여전히 그런 '구시대적 저항민족주의' 언저리를 맴돌고 있다.

이런, 오류로 판명 난 역사인식에 대해선 왜 비판적 논쟁이 없는가? 상대방이 "박근혜 역사인식에 문제 있다." 하면 "우리 현대사의 산업화 과정에 대한 너희들의 종속이론적 역사인식은 옳았느냐?"고 왜 대응하지 못하는가? 하긴, 새누리당에 대해 이렇게 묻는 것 자체가 어리석은 질문이다. 그럴 생각도, 의지도, 투지도, 인식도 없는 부류를 향해 이런 질문을 하다니, 가당치도 않다.

국가진로에 대한 대한민국 헌법의 자유민주주의적, 시장경제적, 대외 개방적 발전처방은 너무나 잘 내린 것이었다. 그리고 그 반대쪽 처방은 전적인 오류였음이 판명되었다. 이게 정작 해야 하고, 해 볼 만한 역사인식 논쟁이다.

대한민국의 성공 스토리에 '이제는 시정하고 극복해야 할' 그림자와 그늘이 왜 없었겠는가? 이제부터 그런 부분에 대해 '대한민국 방식'의 빛을 쐬어주면 될 일이다.

어둠을 가르는 한 줄기 빛

단편집 『고발』. 저자는 반디. '조선작가동맹 중앙위원회' 소속 작가라고 한다. 1990년대 '고난의 행군' 때 그는 알았다. 그가 지금까지 살아온 북한이란 곳이 온몸을 흔들어 "이건 아니야!"라고 외쳐야 할 대상이라는 것을. 그래서 그는 자료를 모았고, 그것을 엮어 소설을 썼다. 그 원고가 최근 탈북자의 손을 거쳐 서울에서 출간되었다. 한국문학사상 특기할 사건이었다.

첫 번째 단편 '탈북기'의 주인공 '나'의 성분(成分)은 이른바 '적대군중'이다. 아버지가 '반당 반혁명 종파분자'로 몰려 처단된 집안이다.

북한사회에선 말하자면 '불가촉천민'인 셈이다. 그런데 그 아내의 출신성분은 그렇지가 않았다. 그런데도 그들 내외는 사랑으로 맺어졌다. 어느 날 남편은 우연히 방구석에서 피임약을 발견한다. 아내가 피임약을? 아니, 아이 없는 집 아내가 왜 피임약을? 오라, 나 같은 '까마귀' 자식을 낳지 않으려고! 그는 분노로 몸서리를 쳤다.

그러나 그에겐 더 큰 분노가 밀려왔다. 부문비서가 '나' 몰래 아파트로 찾아와 아내를 만나고 가는 것을 발견한 것이다. 부문비서는 아내를 탐했고, 아내는 남편의 입당(入黨)을 위해 부문비서의 환심을 사야만 했던 것. 그래서 그녀는 만약을 위해 피임약을 준비했고, 조카아이를 항상 곁에 불러다 두었던 것이다. 아내는 이 사실을 일기장에 꼼꼼히 적어놓았다가 분노한 남편에게 보여주었다. 그리고 그들은 부둥켜 앉고 울다가 드디어 탈북을 결행했다.

마지막 단편 '빨간 버섯' 역시 숙청 이야기다. 주인공은 기자 허윤모. 그의 취재대상 고인식에 관한 이야기다. 고인식은 친척이 월남(越南)한 사실을 고하지 않고 살다가 들켜버렸다. 그 길로 압록강 근처 산골마을로 강제이주를 당하고 된장공장 기술담당으로 쫓겨 갔다. 된장 생산은 이미 끊긴지 오래, 그런데도 허윤모 기자는 당의 지시로 "마침내 된장공장 복구"라는 기사를 작성해야만 했다.

이 무렵 고인식은 산속 '원료기지'로 들어가 귀틀집에서 합숙을 하며 밭을 가꾸고 나물을 캐는 작업에 몰입하고 있었다. 완전히 뼈골 빠지는 최하계층의 인생이었다. 숙청된 자의 삶은 그런 것이었다. 그의 아내는 "하루빨리 당신이 이전 생활로 돌아가기를"이란 말을 남기고 숨을 거둔지 오래.

'원료기지' 합숙자들은 저 멀리 시내에 보이는 시당(市黨) 건물을, 먹으면 죽는 '빨간 버섯'이라고 불렀다. 건물이 빨간 벽돌로 지어졌기 때문이기도 하고, 당이란 것을 빨간 독버섯처럼 사람 죽이는 장본인으로 보았기 때문이다. 신분사회 북한에서 최하계층이 던지는 원한의 절규인 셈이었다.

그렇게 묵묵히 일만 열심히 하던 고인식은 그러나 된장생산 부진의 책임을 그에게 떠넘긴 시당 간부들의 음모로 '직무태만'이란 죄목을 쓴 채 인민재판정에 끌려간다. 거기서 그는 소리친다. "저 빨간 버섯, 저 독버섯을 뽑아 버려라, 이 땅에서, 아니, 지구 위에서 영영!" 기자 허윤모는 정신적 공황에 빠져 인민재판정 한 귀퉁이에서 부들부들 떨고 있을 뿐이었다.

이제 독자인 우리가 말할 차례다. 저런 북한 현실을 두고 우리는 무엇을 어떻게 해야 하는가? 이명박 시대를 "민주주의의 후퇴..." 그리고 박근혜 시대를 "유신독재 부활..."이라고 하는 일부 지식인들부터 뭐라고 말 좀 해보았으면 한다. "자본주의 남한의 소외된 민중의 고통에 동참한다."고 하는 이 땅의 참여문학은 이보다 훨씬 더한 고통의 땅 북한의 핍박받는 민중의 고통에 대해선 과연 쥐뿔만한 관심이라도 있는지 묻고 싶다.

반디의 단편집에 묘사된 북한은 "아우슈비츠+굴라그(소련 수용소군도)+조지 오웰의 『1984년』"의 총 합계다. 이거야말로 오늘의 지식인들이 "종은 누구를 위해 울리나?"라고 외치고 행동해야 할 반인도(反人道) 범죄의 극치 아닌가? 반디의 『고발』은 '이곳, 지금(here, now)'을 사는 지식인들의 양심의 검색대로서 다가온다.

아, 혜산진 48미터 강폭

강폭(江幅) 48 미터. 좁다. 그러나 이 개천 같은 물길은 지옥의 묵시록이자 지옥이 끝나는 경계선, 그리고 지옥 탈출의 출발점이다. 압록강변 혜산진. 거기 지옥의 주민들이 숨어든다. 무리 꽃제비, 쌍(雙)제비, 어린 제비, 노(老)제비. 강을 건너 만주로 넘어가려는 필사의 행렬이다.

오래 전 강을 건너던 일가족이 총에 맞아 쓰러졌다. 살아남은 아들은 혼자 빙판을 건넜고 어린 여동생은 주민에게 구출돼 그 집에서 자랐다. 그 여인이 돈을 받고 도강(渡江)을 안내하는 야박한 '꾼'이 되었다. 그녀는 몰랐다. 그녀의 오빠가 자신을 구출하려고 다시 입국했다는 것을. 오빠 역시 그녀를 몰라본 채 다시 도강 팀에 합류했다. 그녀는 도강을 시켜준 다음에야 오빠가 빙판에 떨어뜨리고 간 가족사진을 발견한다. 그러나 그 순간 그녀는 총탄에 쓰러진다.

장마당에서 "동생을 200원에 팝니다."라는 팻말을 목에 걸고 서있는 소년 꽃제비. 그것을 물끄러미 바라보는 슬픈 군인, 그는 얼마 전 중국에 왔다 갔다 하는 처녀를 발견하고서도 눈감아 주었다.

그는 어린 소녀가 강아지를 따라 48미터를 반쯤 건너자마자 동료 군인의 총탄에 맞아죽는 것도 목격했다. 그리고 얼마 후 그는 자신이 도강을 묵인해 주었던 처녀가 빙판에 시신으로 누어있는 것을 발견한다. 그녀를 돌무덤으로 덮어주면서 그는 결심한다. 넘어가자, 저 48미터를.

어찌 나치의 아우슈비츠만 이야기 하는가? 어찌 나치 점령 하의 폴란드 유대인들의 고난만 이야기하는가? 그런 지옥은 한반도, 바로 우리 머리 위에 있다. 이 사실과 진실이 영상물 속에서, 여의도의 환 빌딩 지하 CGV 상영관에서 시사회로 선보였다. 그것을 보는 마음은 자괴(自愧)로 떨렸다. 이곳과 저곳이 정말 너무나, 너무나 잔인하게 다르지 않은가? 왜 우리는 저 죽음, 저 슬픔, 저 아픔, 저 핍박, 저 고

문(拷問)에 대해 아무 것도 할 수 없는가? 아니, 하지 않는가?

우리는 게오르규의 『25시』를 말하고 조지 오웰의 『1984년』을 읽는다. 도스토에프스키의 시베리아 유형(流刑)을 알고 있고 게슈타포의 학살을 알고 있다. 그러나 우리는 소설도 아닌 혜산진 압록강변의 생생한 인간 참상에 대해선 얼마나 알고 있는가?

우리에겐 인간 보편의 양심이 있다. 그 양심의 눈을 뜨고 저 강폭 48미터의 빙판을 바라보자. 거기엔 삶과 죽음을 비롯한 인간실존의 모든 비극적 국면들이 벌거벗은 채 나뒹그러져 있다. 그걸 보지 않은 채 먼 아우슈비츠만 말한다는 것은 위선이다. 그걸 보지 않은 채 "한반도 문제 어쩌고…" 하는 것은 더욱 죄스럽기까지 한 헛발질이다.

인간은 무엇으로 사는가? 거창한 철학을 이야기하지 말자. 인간은 정말 무엇으로 사는가? 굶주리고, 강 건너다 총에 맞아죽고, 붙잡혀 고문당하고, 곁에 있는 식구가 어느 결에 시체로 굳어진 것을 발견하는, 그런 일만 없어도 인간은 얼마든지 산다. 그 이상은 벌써 사치스럽다. '48미터'는 이걸 말해준다.

'48미터'는 픽션이 아니다. 픽션으로 조립된 생생한 현실이다. 이걸 우리는 모르고 산다. 우리에게 그걸 '모를 권리'가 있을까? 우리에겐 그걸 '알 의무'가 있다. 우리에게 한 조각 심장이 있는 한에는.

북한 인권에 무관심한 한국인들

「워싱턴 포스트」의 사설이 탈북자 신동혁 씨의 정치범 수용소 체험기를 두고 '끔찍한 일'이라고 했다. 역사 속에만 있는 줄 알았던 정치범 수용소가 21세기 지구상에 실재한다니 기가 막힌다는 뜻이리라. 그러나 더 끔찍한 것은 그의 수기가 한국에서는 단 500부밖에 팔리지 않았다는 사실이라고 사설은 개탄했다.

문제는 바로 이것이다. 한반도 문제의 가장 비극적인 뿌리, 아니 희극적인 뿌리는 김정일의 정치범 수용소보다도, 그것에 무관심하거나 그것을 못 본 체 하는 일부 지식인들, 그래야만 '진보적'이고 '리버럴' 하다는 평을 들을 수 있다고 생각하는 일부 '먹물'들의 얄팍한 위선이다.

유신체제와 신군부의 인권유린을 비판하는 것은 당연한 것이지만, 김일성 김정일 김정은의 정치범 수용소와 인권 압살을 비판하는 것은 '극우, 수구, 반통일, 냉전'이라고 하는, 참으로 말도 안 되는 허위의식이 일부 지식인, 청년학생, 정치인 사이에서도 일종의 유행처럼 횡행하고 있다.

이런 이중 잣대의 명분으로는 여러 가지 억지와 궤변들이 동원되곤 한다. "김정일 김정은이 설령 나쁘다고 하더라도 그들은 우리가 함께 껴안고 가야 할 '한 식구'다, 그러니 북한 인권 비판은 화해에 장애가 된다, 남한의 유신체제와 신군부는 친일 친미를 위한 '보수 독재'였지만, 김정일 김정은 독재는 반일 반미를 위한 '진보 독재'이기 때문에 봐줘야 한다, 북한의 인권문제는 내재적 접근법으로 봐 줘야 하지 우리 잣대로 봐선 안 된다, 북한 인권문제 거론은 남한 수구반동들의 대북 공격무기이기 때문에 거기에 놀아나선 안 된다..." 운운.

그렇다면 김정일 김정은은 남한이 설령 '나쁜 집단'이라 해도 함께 껴안고 가야 할 '한 식구'인데 대한민국을 왜 그렇게 70년 동안 '사대매국'이라며 비방하고 매도해 왔는가?

대한민국은 미국에 대해서도 수틀리면 대들고 맞서는 자세를 취해왔다. 이승만, 박정희 두 대통령은 국가이익에 맞지 않는다 싶을 때는 미국에 대해 결연히 반항했다. 그들은 국가이익과 관련해서는 미군정, 아이젠하워, 케네디, 카터 대통령에게 한 치의 양보도 없이 집요하게 대들었다. 박정희 대통령은 핵무기를 개발하려다 미국과 틀어졌다.

반면에 북한을 저렇게 거지 나라로 만들어 놓은 김일성 김정일 김정은이 스탈린, 마오쩌뚱, 후진타오, 시진핑에게 대놓고 대들었다는 소리는 일찍이 들어본 적이 없다. 김정일이 중국의 동북공정에 대해 한 번이라도 제대로 된 소리를 낸 적이 있는가?

북한을 '내재적 접근법'으로 봐주자고? 그렇다면 유신체제와 신군부 시대도 '내재적 접근법'으로 봐주면 안 되나? 내재적 접근법'은 왜 북한에만 적용하고 남한에는 적용하지 않는가? 남한의 자유민주파는 남한의 유신체제와 신군부에 대해서도 비판적이고 북한의 수령 체제에 대해서도 당연히 비판적이고, 비판적이어야 한다. 내재적 접근법은 위선적 2중 잣대일 뿐이다.

북한 인권 거론이 남한 수구세력의 대북 공격무기로 쓰이기 때문에 동조할 수 없다고? 그렇다면 남한 인권 거론도 북한의 대남 공격무기로 쓰일 것이라 동조할 수 없는가? 그건 아닐 것이다. 남한 인권만 거론하고 북한 인권은 거론하지 않겠는 속셈일 것이다. 그러나 우리는 남한 인권도 거론하고 북한 인권도 거론해야 한다고 믿는다. 이게 인권의 보편적 가치라는 것이다.

종북, 친북 운동권이 북한 인권 거론을 적대하는 것은 그러나 이상할 게 없다. 하지만 반드시 친북은 아닌 적잖은 한국 지식인들이 북한 인권문제를 대수롭지 않다는 듯 깔아뭉개는 것은 메스껍기 짝이 없는 노릇이다. 미국의 대표적인 '리버럴 신문' 「워싱턴 포스트」가 보기에도 그건 정말 참을 수 없는 '끔찍함'이었던 모양이다. 사람 생각하는 것은 다 비슷하다는 이야기다.

자유언론은 '최고존엄'을 인정할 수 없다

북한이 자기들의 '최고존엄'을 우리 언론이 '모독' 했다 해서 이산가족상봉을 재고하겠다느니 어쩌고 한 모양이다. 그러면서 "자유민주주의에 기대서...언론 하나 다루지 못하는 정부라면..." 하는 소리도 했다고 한다. 우리 종편 TV에 출연한 무슨 평론가라는 위인 역시 "언론이 그럴 필요가 있느냐?"고 시비했다. 참, 웃겨도 보통 웃기는 위인들이 아니다.

우선 '최고존엄' 운운 하는 표현부터가 김밥 옆구리 터지는 소리다. 21세기 대명천지에, 포스트모던으로까지 나간 이 문명 농숙(濃熟) 세상에, 세속권력 하나를 두고 뭐 '최고존엄'? 그 따위 고대사회적인 개인 신격화 개념은 오늘의 문명사회에선 통하지 않는다.

최근 북한의 군(軍) 최고 간부들은 연병장에서 '최고존엄' 찬양 노래를 부르며 여군들과 함께 손벽을 마주치며 유치원 어린이들처럼 군무(群舞)를 했다. 아니, 해야만 했던 것 같다. 이야말로 지구 상 어떤 자본주의에도 없고 어떤 사회주의에도 없는, 북한 판 '빅 브라더' 체제에만 있는 희한한 진풍경이었다.

우리 정부더러 민간언론의 보도, 비평 기능을 왜 통제하지 못하느냐고 한 것 역시, 인디언 강 건너가는 소리다. 자기들 같은 잔혹한 폭압정권을 이쪽에도 만들라는 소리인가? 그럴 수 없다. 바로 그런 정권이 죽기보다 싫어서 한반도의 자유인들은 인민공화국을 마다하고 대한민국을 세웠다. 그리고 민주화운동도 벌였다. 그래서 천신만고 끝에 여기까지 왔다. 그런데 그런 자유인들을 향해 또다시 언론자유도 없는 캄캄한 세상으로 되돌아가라고? 노(No)다, 어쩔래?

북한은 그런 체제이니, 내재적 접근법에 따라 그걸 존중하라는 이쪽의 실어배아들 같은 소리는 더욱 더 하품나게 한다. 자기들이나 그렇게 하고프면 할 노릇이지 왜 세상 모든 사람들, 특히 자유언론더러도 그렇게 하라고, 되도 않은 소리를 지껄이는가? 어떤 대통령이었던 사람은 평양의 최고인민회의라는 델 갔을 때 방명록에 '인민의 행복이 나오는 인민주권의 전당'이라고 썼다지만, 여긴 죽어도 그렇게 하기 싫은 사람들이 세우고 지킨 자유국가, 자유사회임을 새삼 돌아보아야 한다.

그래서 대한민국 시민사회의 자유인들은 북쪽의 폭압적 세습 신정체제의 '언터쳐블 성역'을 절대로 인정할 수 없다. 반대로, 그런 반동적인 '앙시앙 레짐(구체제)'과 그것이 자행하는 반(反)인도적, 반(反)인권적 범죄를 날카롭게 모니터링하고 보도하고 비판하고 단죄할 것이다. 어쩔래?

대한민국 시민사회의 자유인들은 극우 파시스트 독재, 극좌 볼세비키 독재, 각종 권위주의, 세습 절대왕정, 유사(類似) 천황제 등등, 일체의 전체주의, 1당 독재, 1인 독재, 개인숭배, 병영체제, 폐쇄국가, 수용소국가, 고문(拷問)국가를 단호히 배척한다. 그런 자신들의 체제를 털끝만큼도 건드리지 말아야만 이산가족 상봉을 하겠다는 공갈협박에는 절대로 굴복하지도 타협하지도 않을 것이다. 이산가족 상봉이 무슨 조건부 떡밥인가? 그건 무조건 해야 할 천륜(天倫)의 문제 아닌가?

한반도는 이처럼, 아직도 가치의 싸움이 활화산처럼 불타고 있는 지역이다. 누가 "이념과 체제를 초월해서..." 운운했는가? 전체주의냐, 자유체제냐의 투쟁, 세습 절대왕정이냐 근대 시민사회냐의 투쟁, 폭압이냐 인권이냐의 투쟁, 최고존엄이 군림하는 한반도냐, 국민과 시민이 지배하는 한반도냐의 투쟁이 그것이다.

눈 있는 자, 귀 있는 자는 이 '시대의 징표'를 똑똑히 알아봐야 한다. 그러지 않고서는 한반도 가치투쟁을 제대로 감당하지 못한다. 새누리당 웰빙 오렌지족들처럼 말이다.

한국병은 악령에 사로잡힌 '좀비 증후군'

SBS '그것이 알고 싶다'가 참으로 끔찍한 이야기를 전했다. 가짜 목사한테 폭 빠진 한 여인과 세 딸 이야기다. 여인은 "너를 고쳐야 구원 받는다." "나에게 절대복종해야 한다."는 가짜에게 자신의 온 몸과 영혼과 인간됨을 완전히, 기꺼이 저당 잡힌다. 가짜는 여인을 툭하면 구타하더니 나중에는 '성령을 받기 위한' 성관계를 강요하고, 개와 성교할 것을 요구한다. 그리고 어미가 보는 자리에서 그녀의 세 딸과 그 짓을 했다. 이 단계에 이르러 어미는 비로소 자기가 악마에게 속아서 미쳤었다는 것을 깨닫는다. 그러나 세 딸들은 오히려 어미보다 더 미쳐있었다. 악마를 구세주로 철두철미 믿으면서, 지옥을 탈출한 어미를 오히려 '변절자'로 취급했다. 어미를 만나주지도 않고, 아파트 문을 두드리며 "보고 싶어 죽겠으니 한 번만 만나 달라."고 애원해도 딸들은 냉담했다.

　어미는 가짜를 고소했다. 가짜는 지금 구속수감돼, 재판을 받는 중이다. 구속돼 끌려가면서도 가짜는 "나를 왜 잡아가느냐."며 적반하장으로 대들었다. 많이 보는 풍경이다. 세 딸들은 가짜의 정체가 드러났어도 여전히 "가정문제이니 당신들은 손 떼라."며 취재진에게 달려들었다.

바로 이거다. 우리사회의 갈등구조는 보수 진보 이전에 지성(知性)과 무지몽매의 갈등이다. 제 정신과, 악령 들린 좀비들의 갈등이다. 가짜에게 사로잡혀 그를 우상처럼 섬기면서 그가 조종하는 대로 미쳐 놀아나는 좀비들은 자신들이 '진리'를 보았다고 생각한다. 이런 환자들은 자기들이 믿는 '진리'를 위해서는 보통상식으론 차마 할 수 없는 짓거리를 서슴없이 한다. 이런 기준에서 우리 사회를 보면 많은 것을 알 수 있다. "저 친구들, 어떻게 저런 소리를 할 수 있고, 어떻게 저런 짓을 할 수 있단 말인가?" 하고 의아해 하는 일이 많다. 이럴 때 이 잣대로 바라보면 의문이 풀린다. 학자들이 써먹는 고상한(?) 사회과학적 잣대로는 이런 병적인 측면을 집어내지 못한다. 혹시 심리학적 잣대로는 그럴 수 있을지 몰라도.

스트레스에 시달리는 사람들에게 가짜들은 곧잘 '구원' '해결' '해방' '다른 세상' '탈피'의 '복음'을 선전, 선동한다. 사회와 단절된 골방에서 홀로 인터넷을 두드리는 '판단 무능력자'들은 그것을 듣자마자 이내 빠져든다. 한 번 빠져들면 헤어 나올 수가 없다. 그게 미신과 사이비 신앙의 '홀림'이자 자력(磁力)이다. 백백교는 옛날이야기가 아니다. 지금 이 순간에도 종로와 테헤란로를 활보하며 청소년들을 홀리고 있다. 그 중 하나엔 이런 미신도 있다. "내가 너희에게 진실로 이르노니, 너희의 불행은 70년 전 이 땅에 대한민국이란, 나라도 아닌 것이 나라랍시고 태어난 원죄(原罪) 때문이니라." 운운...

그렇다면? 병에는 치료가 답이듯, 무지몽매에는 지성이 답이다. 아니 예방백신이다. 우리 사회의 병증은 지성이 무력화된 탓이다. 초중고 학교들은 바닷가 모래알만큼 많고 각급 학생들은 잠자는 시간 빼고는 자살하고 싶을 만큼 '공부'를 강제당하지만, 지성이 무엇인지, 그것을 어떻게 쌓을 것인지는 가르치지 않는다. 그러기에 말도 안 되는 미신을 한 번 접했다 하면 그렇게 쉽게 무너지는 것 아닌가?

지성의 세례를 듬뿍 받으면 미신이 마음속에 들어올 수가 없다. 대학마저 인터넷 선전 선동이 꽉꽉 꽂히는 대중사회로 전락한 이 시대 이곳의 병명(病名)은 그래서 '지성의 고갈'이다.

좌파의 공격이 한창 일방적인 승세를 타고 있었을 때 많은 청소년들은 그들의 말과 행동에 선뜻 승복은 할 수 없었으면서도 딱히 뭐라고 반박할지 몰라 당혹스러워했다고 한다. 좌파 청소년과 달리, 그들은 이념문제에 대해 평소에 준비가 돼있지 않았기 때문이다.

어떤 청소년들은 또 좌파의 교묘한 프로파간다에 쉽게 속아 넘어가거나 솔깃해 했다. '민족, 민주, 민중, 통일'을 하자는 데, 순진한 그들이 대체 무슨 명분으로 "싫다."고 할 수가 있었겠는가? 좌파 담론 앞에서 그들은 그저 속절없이 주눅이 들고 주뼛주뼛했을 것이다. 이 책 1부과 2부의 글들은 바로 그런 청소년들이 필요할 때 사용하라고 쓴 것이다. 본래 다음 카페 '류근일의 탐미주의클럽'에 실었던 것을 이번에 약간 다듬어서 책으로 펴냈다.

　3부 '대한민국이냐 수용소군도냐?'는 「조선일보」에 실린 '류근일 칼럼'과 개인 블로그에 쓴 글들 가운데서 고른 것이다. 북한관련, 국내좌파 관련, 역사전쟁과 역사교과서 관련, 그리고 몇몇 이념적인 것들을 선정했다. 이 글들이 청소년들의 토론자료나 참고자료로 쓰인다면 더 없이 기쁠 것이다.

　　　　　　　　　　　　　　　　　　류근일(楠石)

대한민국이냐, 북한수용소군도냐?

펴낸날	초판 1쇄	2015년 1월 10일

지은이	류근일
펴낸이	김광숙
펴낸곳	백년동안
출판등록	2014년 3월 25일 제406-2014-000031호

주소	경기도 파주시 광인사길 30
전화	031-941-8988
팩스	070-8884-8988
이메일	on100years@gmail.com

ISBN	979-11-86061-10-7 04300

※ 값은 뒤표지에 있습니다.
※ 잘못 만들어진 책은 구입하신 서점에서 바꾸어 드립니다.

이 도서의 국립중앙도서관 출판시도서목록(CIP)은 서지정보유통지원시스템 홈페이지
(http://seoji.nl.go.kr)와 국가자료공동목록시스템(http://www.nl.go.kr/kolisnet)에서
이용하실 수 있습니다.(CIP제어번호: CIP2014037430)

책임편집 홍훈표